EIN REISEFÜHRER

NORDFRIESLAND

HANS JESSEL
ELLERT & RICHTER
VERLAG

Inhalt

Inhalt

Nordfriesland, ganz oben in Deutschland hinter schützenden Deichen gelegen, wo der höchste Himmel, das platteste Land und das wildeste Meer aneinanderstoßen, hat in seiner erst kurzen Geschichte — die Mensch und Natur in hartem Gegeneinander gestalteten — offenbar einen Fachberater in Sachen Fremdenverkehr gehabt.

So scheint es zumindest, wenn der Reisende unserer Tage die Vielfalt der Landschafts- und Ortsbilder sowie die harmonische Ausstrahlung der bodenständigen Architektur in Augenschein nimmt. Ausgehend vom „Holländerstädtchen" Friedrichstadt besucht er Eiderstedt, die Nase im Gesicht Schleswig-Holsteins, die Landschaft der Haubarge und ausgedehnten Strände, die sich zu den bemerkenswertesten Sandanhäufungen der Nordseeküste zählen dürfen. Schon hier, wie in der nördlich angrenzenden Landschaft der „Uthlande", spürt er in Angesicht der hundert Köge das zähe, langwierige und mit großen Opfern verbundene Ringen der Friesen mit der See, deren Wirken selbst in den innersten Winkeln Nordfrieslands bis heute allgegenwärtig geblieben ist.

Husum, als Zentrum des Kreises eine gar nicht so „graue Stadt am Meer" (wie Theodor Storm den Ort sah), empfängt den Besucher schon längst nicht mehr nur bei Krabbenbrötchen und Tine-Köm. Durch eine gelungene Altstadtsanierung, eine abgerundete Museumslandschaft und — nicht zuletzt — als Ausgangshafen für Exkursionen in die Insel- und Halligwelt hat Husum in touristischen Kreisen einen Namen erworben.

Die sich nördlich der quirligen Kreishauptstadt bis zur dänischen Grenze erstreckenden Marschen lassen den Gast zur Ruhe kommen, verwandeln den eben noch als „Entdecker" Angereisten in einen Nachfahren Hauke Haiens, der, wie Storm in seinem „Schimmelreiter" schrieb, „nach seinen Gewohnheiten oft draußen am Deich (lag) — zwischen Strandnelken und dem duftenden Seewermut —, wo nur die Winde über den Deich wehten, wo nichts war als die klagenden Stimmen der großen Vögel, die rasch vorüberschossen; zu seiner Linken die leere, weite Marsch, zur anderen Seite der unübersehbare Strand."

Und dann hinaus auf die Inseln, die sich herbe und wild wie Sylt, gezähmt und beschaulich wie Amrum, grün und ländlich wie Föhr oder potteben und weltfern wie Nordstrand und Pellworm präsentieren.

Schließlich — wie auf einer Reise an den Anfang der Schöpfung zurück — wird er die Halligen besuchen, unbedeichte Marschenflecken in der

See, wo sich Himmel, Land und Meer buchstäblich zu umarmen scheinen, wo Empfindungen weit tiefer gehen als die bloße Erinnerung an Geschehenes.

Der Besucher — das ist spätestens jetzt gewiß — wird wiederkommen wollen; zu einer anderen Jahreszeit, wenn der Nebel wieder über die Dächer Husums zieht und das Pfeifen des Windes sich mit dem Rauschen der nahenden Flut vereint, wenn die Wellen gegen Dünen und Deiche schlagen und die Weite des Watts nur ihm und den „klagenden Stimmen" zu gehören scheint — dann ist er dem tiefen Zauber dieser Landschaft erlegen.

Die Entstehung Nordfrieslands I: Die natürlichen Voraussetzungen

Schwer zu glauben, aber wahr: Nordfriesland verdankt seine Existenz — ebenso wie ganz Schleswig-Holstein und der größte Teil der norddeutschen Tiefebene — dem geologisch gesehen gar nicht so weit zurückliegenden Eiszeitalter. Ohne die Kraft mächtiger, von Skandinavien bis in den Nordseeraum vordrängender Gletscher, die Schuttablagerungen (sogenannte Moränen) von mehreren hundert Metern Mächtigkeit hinterließen, läge der nördlichste Teil Deutschlands heute weit unterhalb des Meeresspiegels.

Bei genauerer Betrachtung liegt die Ursache der einstigen Gletschervorstöße weniger in der Geologie als vielmehr in den — über lange Zeiträume gesehen — unsteten Temperaturverhältnissen der Erdatmosphäre. In aller Kürze: Absinkende Temperaturen (aus welchen Gründen auch immer) bewirken, daß ein immer größerer Anteil des im globalen Kreislauf befindlichen Wassers in den polaren Eismassen gebunden wird. Während sich diese ausbreiten, sinkt der Weltmeeresspiegel ab, was bei entsprechend niedrigeren Temperaturen — wie in den Eiszeiten geschehen — beispielsweise das Austrocknen der Nordsee bedeuten kann. Steigen die Temperaturen der Atmosphäre nach dem Tiefststand wieder an, beginnen die Eismassen der Gletscher zu schmelzen, das Meer wird wieder „angefüllt" und die vormals trockene Landschaft überflutet. So einfach ist das.

Um zum Fallbeispiel Nordfriesland zurückzukehren: Will man die noch heute sichtbaren Landschaftsformen verstehen, bedarf es des Blicks zurück bis zum Höhepunkt der Saaleeiszeit vor etwa 120 000 Jahren, als ein Großteil der heutigen Nordsee (und Schleswig-Holstein sowieso) unter teils kilometermächtigen Gletschern begraben war. Deren schürfende Kraft trug Myriaden von Tonnen skandinavischen Untergrunds bis in unseren Raum und bedeckte die Landschaft mit Moränenschutt, aus dessen Gesteinsgehalt noch heute die Herkunft der Eismassen exakt rekonstruierbar ist. Die Bredstedter und Husumer „Geest" (ein anderer Begriff für saaleeiszeitliche Moränen) waren entstanden, und die heutigen Inseln Sylt, Föhr und Amrum erhielten ihren charakteristischen „Geestkern". Ferner gab es noch weitere Moränen westlich der heutigen Inselwelt, die aber später der Zerstörung durch die ansteigende See anheimfielen: Die folgende „Warmzeit" ließ weite Teile des heutigen Schleswig-Holstein unter dem Meeresspiegel verschwinden. Doch „schon" um das Jahr 100 000 begann es wieder kälter zu werden, und wiederum erfolgte ein Vorstoß des Eises, der — von Nordosten über den Ostseeraum kommend – jedoch nur noch die östlichen Landesteile Schleswig-Holsteins bis zur Linie Flensburg–Rendsburg–Neumünster–Lübeck erreichte. Eiskalte Gletscherwinde, den heutigen Bedingungen auf Grönland und Spitzbergen nicht unähnlich, fegten über die weiter westlich gelegenen „Altmoränen" (schufen, nebenbei bemerkt, die noch heute oft zu findenden „Windkanter", Steine also, die ihre scharfen Kanten von dem Sandstrahlgebläse dieser Winde erhielten) und glätteten deren jugendliche Formen. Mit dem abermaligen Abtauen des Eises ergossen sich Schmelzwasserströme von Osten her in Richtung Nordfriesland (ab ca. 12 000 v. Chr.) und füllten die Landschaft zwischen den Moränen auf.

Womit das letzte, besonders dramatische Kapitel dieser Landschaft beginnt: Der Meeresspiegel, zum Höhepunkt dieser letzten Vereisung etwa 70–100 m (!) niedriger als heute gelegen, begann seinen unaufhaltsamen Anstieg und erreichte vor etwa 7 500 Jahren den Bereich der heutigen Nordfriesischen Inseln und Eiderstedts. Was in den nun folgenden Jahrtausenden geschah, darf mit Faszination, durchaus aber auch mit gewissem Erschrecken registriert werden, besonders wenn man bedenkt, daß die bis zum heutigen Tage andauernde Klimaerwärmung keine Anzeichen einer Abschwächung zeigt, ganz im Gegenteil.

Das Meer begann zunächst den Geestkern der Insel Sylt sowie die Amrum-Bank-Moräne und den Hever-Geestkern (beide heute nicht mehr existent) anzunagen und das abbrechende Material durch Strömungen nach Norden und Süden zu verlagern. Sowohl die Dünenlandschaften der Insel Sylt und Amrum als auch der sogenannte Strandwall zwischen St. Peter-Ording und Katharinenheerd auf Eiderstedt, womöglich auch die heutigen Außensände (Japsand, Norderoog- und Süderoogsand) und die breiten Strände vor Westerhever und St. Peter-Ording begannen sich bereits in dieser Zeit zu bilden, veränderten jedoch Lage und Gestalt noch beträchtlich.

Besonders während der Phase des „Atlantikums" (vor ca. 7 500 bis 4 000 Jahren), jener Sturm- und Drangperiode des Meeres aufgrund rapide ansteigender Temperaturen, überflutet das Meer die gesamte Landschaft mit Ausnahme der genannten Geestbereiche und einiger Dünen, Nehrungen und Strandwälle. Mit anderen Worten: Vor nur 4 000 Jahren, als der Meeresspiegel schon einmal fast den heutigen Stand erreichte, waren 12 der heute 15 nordfriesischen Inseln und Halligen sowie der Raum Eiderstedt noch nicht existent!

8 Der Untergrund des südlichen Nordfrieslands wurde erst in den Jahrtau-

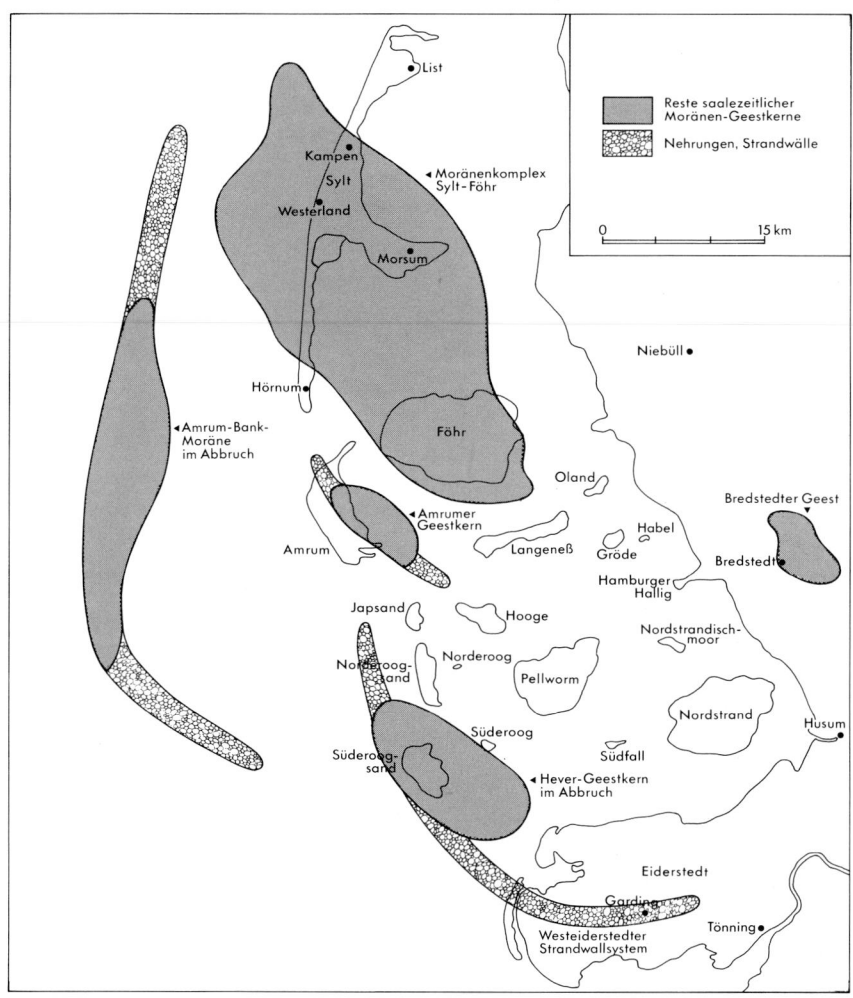

Rekonstruiertes
Landschaftsbild im
Raum Nordfriesland
zur Zeit des Atlanti-
kums (ca.
5500–2000 v. Chr.);
aus: Haffner, A. &
M. Müller-Wille
(1988), S. 52

senden danach gebildet, als eine Art „Ruhepause" im Prozeß der Klimaerwärmung und ein daraus resultierender „Stillstand" des Meeresspiegels
(vielleicht sogar ein schwacher Rückzug?) eintrat. Die westlich vorgelagerten Sandzungen und Dünen konnten sich weiter ausdehnen und sorgten
für eine Art Abschluß zum Meer hin. Was zur Folge hatte, daß Nordfriesland abermals überflutet wurde! Diesmal nicht vom Salzwasser aus dem
Westen, sondern von dem von der Festlandsgeest herablaufenden Regenwasser: Es floß aufgrund des feuchten Klimas und der weit im Osten
Schleswig-Holsteins gelegenen Wasserscheide in Sturzbächen in das tief-
gelegene Nordfriesland hinein. Im Laufe der Jahrhunderte bildeten sich
im Bereich der heutigen „Uthlande" großflächige Moorgebiete aus, die in
geschichtlicher Zeit noch große Bedeutung erlangen sollten.

Die Frage, wann genau das Pendel zu einem weiteren Anstieg des Meeresspiegels umschlug, ist nicht mehr auf das Jahrhundert genau festzustellen.
Gesichert aber ist, daß die ersten Siedler, die sich zwischen ca. 700 und
1000 n. Chr. in den Raum Nordfrieslands verirrten, sich sehr bald gezwungen sahen, ihre Wohnplätze auf mühsam aufgehäufte „Warften" zu
verlegen. Das damals sehr tief gelegene, morastige und von vielen Wasser-
armen durchzogene Land wurde nach dem Durchbruch der Dünenzüge im
Westen rasch ein Opfer des Meeres, das abermals bis an die Festlandsgeest
vordringen konnte.

Diese Überflutung war jedoch beileibe nicht nur mit Zerstörung und
Untergang verbunden. Ganz im Gegenteil: Durch die vornehmlich zur
Festlandsküste gerichteten Strömungen wurden die feinsten Bestandteile
des im Westen abbrechenden Landes großflächig über der einstigen Moor-
landschaft ausgebreitet. Die Landschaft wuchs sozusagen mit dem weiter
ansteigenden Meer in die Höhe, die „Marsch" entstand als weitere charakteristische Landschaftsform Nordfrieslands.

Die Entstehung Nordfrieslands II:
Der Kampf der Friesen gegen die Natur

Um den mineralreichen und prinzipiell sehr fruchtbaren Marschenboden landwirtschaftlich nutzen zu können, bedurfte es des Deichbaus – ein den vornehmlich aus dem Raum Hollands kommenden Siedlern nicht fremdes Metier. Man stelle sich diese ersten, im 11./12. Jahrhundert entstandenen Deiche aber nicht so vor wie die heutigen 7–8 m hohen Landesschutzdeiche! Die wenigen Menschen, die in dem Raum lebten und denen auch die technischen Voraussetzungen fehlten, errichteten lediglich niedrige, 1–2 m hohe Erdwälle zur Verteidigung des Landes gegen die anbrandende See. Durch diese ersten zaghaften Eindeichungen, die wohl im Schutze von Nehrungen sowie auf höherem Marschland erfolgten, wurden die Gebiete dem Meereseinfluß mehr oder weniger dauerhaft entzogen. Doch dies hatte auch negative Folgen: Zum einen nahmen die bedeichten Marschen nicht mehr am Wachstumsprozeß der umliegenden, weiterhin überflutbaren Gebiete teil, zum anderen senkte sich, als die unter der Marsch liegenden meterdicken Torfmoore austrockneten, das genutzte Land weiter ab. Brachen nun bei einer Sturmflut die Deiche, so wurde das „geschützte" Land nicht nur einmal vom Meer überflutet, sondern es „verschwand" durchaus auch dauerhaft unter dem Meeresspiegel, was zu den bekannten katastrophalen Landverlusten des Mittelalters führte. Der Mensch verschlimmerte die Situation noch: Die Bewohner des Marschlandes entdeckten die vom Meerwasser durchtränkten Torfschichten im Untergrund und begannen diese abzubauen. Dazu wurden die oberflächlichen Meeresablagerungen entfernt, der Torf wurde abgegraben, getrocknet und verbrannt, so daß man schließlich das begehrte Konservierungsmittel Salz in Händen hielt, das gewinnbringend verkauft werden konnte. Auf diese Weise wurde die Absenkung des Landes noch künstlich verstärkt und der vernichtenden Gewalt der See sozusagen Tor und Tür geöffnet.

Überblickt man die Geschichte Nordfrieslands vom frühen Mittelalter bis in die Neuzeit, so liest sie sich wie eine Aneinanderreihung furchtbarer Flutkatastrophen mit Höhepunkten im 14. und 17. Jahrhundert. Trotz ständig verbesserter Deichbautechnik und strafferer Organisation des Deichwesens gelang es erst in jüngsten Jahren, die potentielle Deichbruchgefahr – nach menschlichem Ermessen – auf ein Minimum zu reduzieren.

Mit dem Jahr 1300 (erste Marcellusflut) beginnt eine ganze Kette von Sturmfluten, die in der ersten „Großen Mandränke" im Januar 1362 ihren schrecklichen Höhepunkt finden. Es gibt keine Originalüberlieferungen von diesen Fluten, spätere Chronisten aber berichten von 100 000 Toten zwischen Elbe und jütischer Küste. Auch wenn diese Zahl zu hoch sein sollte: Es dürfte damals kaum ein Deich gehalten haben. Bei einer dieser Fluten im 14. Jahrhundert brach auch der Witzworter Strandwall zwischen Eiderstedt und der heutigen Insel Nordstrand an mehreren Stellen. Als Folge davon wurde Husum zur Hafenstadt, außerdem verlor die Landschaft Eiderstedt durch den Durchbruch der Hever bis zur Eider seine Festlandsverbindung und wurde bis zur Wiederandeichung im Jahre 1489 zur Insel.

Die zweite „Mandränke" am 11. Oktober 1634 traf bereits auf ein erheblich verbessertes Deichsystem. Trotzdem brachen nahezu alle Deiche an der nordfriesischen Küste. Eiderstedt soll mit Ausnahme weniger Stellen vollständig überflutet gewesen sein. Am schwersten getroffen wurde die vormals über 200 km² große Insel Strand, deren größter Teil in den Fluten unterging. Als Überreste blieben die heutigen Marscheninseln Pellworm und Nordstrand sowie die Hallig Nordstrandischmoor erhalten. Der Nordstrander Pastor Anton Heimreich, Augenzeuge dieser Flut, berichtet in seiner „Nordfresischen Chronick" aus dem Jahre 1666 über die Stimmungslage *vor* der Katastrophe: „Das Gott der Herr durch Auslassung des Wassers das Land könne umkehren, solches haben diese Nordfriesischen Landschaften nebst allen an der Westsee liegenden Marschländern am Tage Burchardi des 1634sten Jahres besonders müssen erfahren, und zwar dazumal, wie man am sichersten gewesen, und die Deiche so wohl gestanden, daß Ocke Levesen in unserem Nordstrande sich vernehmen lassen, daß man nun einen eisernen Deich hätte, und Iven Acksen zu Rödemis gesaget, man könnte nun sicher hinter den Deichen schlafen, ja man hat auch wohl auf demselben getrotzet, wie der Deichgraf in Risummohr, nach verfertigtem Deiche den Spaten auf den Deich gesetzt, und vermeßlich gesagt: Trotz nun, blanke Hans!"

Eine *nach* der Flut erstellte Auflistung der Schäden zeigt die traurige Bilanz: „6 123 Menschen ertrunken und umbgekommen, darunter 9 Prediger, 12 Küster; 1 139 Häuser ganz weggetrieben; 375 Hauswirte oder Landeigner und 58 Kötener (Landarbeiter ohne Grundbesitz, Anm. d. Verf.) behalten, 28 Windmühlen weggetrieben; 6 Glockentürme weggetrieben. An Tieren und lebendiger Habe, als Pferde, Ochsen, Kühe, Schafe und Schweine sind ertrunken, mehr und nicht minder über 50 000 Stück." Die Angaben stammen aus einem Verzeichnis des Landarchivs

Schloß Gottorf in Schleswig mit dem Titel: „Verzeichnis der Menschen, so den 11. Oktober 1634 in der Nacht im Nordtstrande in der hogen Wasserfluth jämmerlich ertrunken und umgekommen, item was sonsten für Schaden dort geschehen."

Über hundert Jahre später, 1795, gibt der auf Pellworm amtierende Pastor Kruse seine Einschätzung ab: „Der Untergang der Insel (Alt-Nordstrand) hatte in nichts anderem seinen Grund wie in dem elenden Zustand der Deiche und des Deichwesens überhaupt. Die Deiche waren an manchen Stellen nicht mehr wie 10 Fuß über die tägliche Flut hoch, dazu schwach und hin und wieder aus schlechter, mooriger und sandiger Erde aufgeführt. Auch wurden sie so wenig wie die Schleusen beständig in gutem Zustand gehalten, und sollte eine wichtige Reparatur vorgenommen werden, so gab's nichts wie Zank und Zwiespalt . . ."

In unserer bisherigen Betrachtung über die Entwicklung des heutigen Landschaftsbildes Nordfrieslands sind die Halligen nicht „aufgetaucht". Nun, ihr genaues Auftauchen aus dem Meer ist auch nicht bekannt! Die gängige Ansicht datiert die Entstehung der Halligen in die Zeit der großen Fluten des 14. Jahrhunderts, als andernorts abgebrochenes Material an strömungsberuhigten Stellen zur Ablagerung kommen konnte und somit − Schicht auf Schicht − neues Land aus dem Meer emporwuchs. Allein mit dem Hinweis darauf, daß dieses Land durch ständige Abbrüche an der Westseite und neue Anlandungen im Osten über die Jahrhunderte nicht unbeträchtlich „gewandert" ist, ist der endgültige Beweis für diese Theorie kaum zu erbringen. Somit wird weiterhin die Auffassung vertreten, daß die Halligen in Wahrheit erheblich älter seien.

Doch zurück zur Chronologie der großen Sturmfluten: Die „Weihnachtsflut" vom 25. Dezember 1717 lief noch höher auf als die zweite Mandränke. Tückisch war diese Flut insofern, als sie − Augenzeugen zufolge − völlig überraschend über die Deiche ging und die Bevölkerung zwischen den Niederlanden und Dänemark dementsprechend unvorbereitet treffen konnte: Über 10 000 Menschen verloren ihr Leben, und besonders auf den Halligen wurde ein beträchtlicher Teil der Häuser zerstört.

Noch schlimmer wurden diese von der ebenfalls sehr überraschend auflaufenden „Halligenflut" in der Nacht vom 3. auf den 4. Februar 1825 betroffen. Der damalige Pastor auf Hallig Hooge, A. W. C. Schmidt, liefert einen grausigen Bericht über die bis heute letzte Flut, bei der auf den Halligen Menschen ums Leben kamen: „In der Nacht zwischen dem 3ten und 4ten Febr. war eine Fluth, wie bei Menschengedenken nicht existiert hat. 3 Warften — Klein- und Großsüderwarft und Feder Bandixwarft — sind gänzlich mit ihren Wohnungen und Bewohnern untergegangen. Außerdem sind die 5 westlichen Warften größtenteils zertrümmert, und 7 Wohnungen außerdem gänzlich von Grund aus zernichtet. Von 85 Wohnungen sind 6 oder 7 ganz schadenfrey geblieben, und 20 sind höchstens bewohnbar. 25 Menschen haben hier in einer Schreckensnacht das Leben eingebüßt, davon sind 5 im Bette ertrunken, die übrigen 20 mit ihren Wohnungen vergangen. Die Gemeinde ist nun zerrüttet. Viele, die wohlhabendsten, entfliehen und manche gehen, so bald sie können. Die Folgen dieser Flut sind traurig. Die Halligen gehen, wenn das so fortgeht, ganz ein. Viele haben alles verloren, sind zerrüttet. Hunger und Durst hätten manchen schrecklich gequält, wenn nicht Nachbargemeinden sich der Halligen angenommen und Proviant zur weisen Vertheilung unter die Bedürftigen gesandt hätten. Viel Vieh, groß und klein, ist ertrunken und in den Häusern erschlagen. Die Vorsehung hat sich hier auf einmal schrecklich gezeigt zur Demüthigung und Erhebung. Sie sey uns gnädig und sende uns keine solche Flut wieder!"

Dieser Ausruf der Verzweiflung wurde offensichtlich erhört, denn erst in der Nacht vom 16. auf den 17. Februar 1962, also 137 Jahre später, kam die nächste „Jahrhundertflut", deren Wasserstand wiederum alles Vorangegangene in den Schatten stellte und deutlich machte, daß es bis in jüngste Zeit immer noch Schwachstellen im Abwehrsystem der Landesschutzdeiche gab.

Auch bei den folgenden „Jahrhundertfluten" vom 3. und 20. Januar 1976 sowie vom 23./24. November 1981 wiederholte sich das schon in der Vergangenheit beobachtete Phänomen der ständig steigenden Scheitelhöhen des Wasserstandes, markieren diese doch nichts anderes als die im Rahmen des weiter ansteigenden Meeresspiegels (z. Zt. mehr als 25 cm pro Jahrhundert) neu gesetzten Höchstmarken.

Bei modernen Deichbauten wird dieser „Bemessungswasserstand" samt eines ausreichenden „Zuschlags" zugrunde gelegt, so daß Deicherhöhungen auch in Zukunft die größten Baustellen Nordfrieslands darstellen werden.

Als Teillandschaft Schleswig-Holsteins war Nordfriesland — dessen heutige Grenzen ohnehin erst durch die Kreisreform im Jahre 1970 bestimmt wurden — natürlich eng mit der Landesgeschichte verknüpft, die sich wegen der wechselvollen Beziehungen zum dänischen Königreich außerordentlich abwechslungsreich gestaltete. Es sei nur an die gängige Redensart erinnert, die besagt, daß es drei Menschen gegeben habe, die die schleswig-holsteinische Geschichte verstanden hätten. Der erste sei darüber verstorben, der zweite dem Wahnsinn verfallen und der dritte . . . ist bestimmt nicht mit dem Verfasser dieser Zeilen identisch!

Vergleichsweise einfach ist noch die Herkunft der nordfriesischen Bevölkerung zu verstehen, fanden doch die ersten Einwanderungswellen niederländischer Friesen im 7. bis 10. Jahrhundert statt. Die Gründe dafür lagen zum einen in ihren ausgeprägten Handelsbeziehungen zu Ripen und Haithabu, wofür die damals noch sehr buchtenreiche Küste Nordfrieslands mit ihren Naturhäfen ideale Voraussetzungen bot. Außerdem war es möglich, über Eider und Treene sehr nahe an Haithabu heranzukommen, um den strapaziösen Landweg so kurz wie möglich zu halten. Weitere Gründe für die Einwanderung lagen in einigen folgenschweren Katastrophenfluten in der Heimat, ferner in den Auseinandersetzungen mit dem sich nach Norden ausbreitenden Frankenreich.

Sicherlich hat in den Jahrhunderten der Landnahme — zumindest auf der höhergelegenen Geest — auch eine zahlenmäßig geringe „Urbevölkerung" vermutlich dänischer Herkunft gelebt (darauf weisen unter anderem die friesischen Dialekte auf den Geestinseln hin), doch scheint diese mit den Friesen, die die Marschen besiedelten, nicht in Konflikt geraten zu sein. Landesherr war schon im 8./9. Jahrhundert der dänische König, doch blieben die in den Uthlanden, das sind Außenlande, die außerhalb dänischer Rechtskreise stehen, siedelnden Friesen, die sich vornehmlich dem Fernhandel verschrieben hatten, relativ unbehelligt. Steuerliche Abgaben waren nach Absprache zu entrichten.

Der dänische Gelehrte Saxo Grammaticus liefert den ältesten Bericht über die Verhältnisse im späten 12. Jahrhundert, als es die Uthlandfriesen offenbar schon zu einigem Reichtum gebracht hatten. Besonders die Gewinnung des „friesischen Salzes" durch den großflächigen Abbau des „Salztorfs" sowie der Export von Vieh und Getreide müssen sehr viel Geld

15

eingebracht haben, worauf auch die ungewöhnlich hohen Steuersätze im „Erdbuch" König Waldemars II. (1231) hindeuten. In diese Blütezeit fallen der Bau erster Kirchen und erste Eindeichungen, die vermutlich jedoch nur zur Abwehr höherer Sommerfluten gedient haben.
Reibereien mit dem dänischen König waren vorprogrammiert, als sich die Nordfriesen in Eiderstedt und auf der Insel Strand wegen ihrer hauptsächlich nach Süden ausgerichteten Handelsbeziehungen (Hamburg, Flandern, Nordfrankreich) immer enger an die erstarkenden Herzöge in Schleswig und die Grafen von Holstein anlehnten. Nach dem Regierungsantritt Waldemars IV. Atterdag (1340) kam es zu kriegerischen Auseinandersetzungen, die der König mit der Unterwerfung der Bökingharde und der Pellwormharde für sich entschied. Außerdem mußten die Friesen von diesem Zeitpunkt an die ständige Anwesenheit königlicher Statthalter (sog. Staller) ertragen, was ihnen um so schwerer fiel, als sie bisher allein durch die räumliche Distanz zum Königshaus weitgehende Narrenfreiheit hatten.
Die grassierende Pest im Jahre 1350, die furchtbare Sturmflut von 1362 und der rasche Aufstieg der Hanse, die den bisher so lukrativen Fernhandel nahezu gänzlich unterband, setzten der positiven Entwicklung Nordfrieslands ein Ende. Wieder versuchten die Friesen eine stärkere Annäherung an die Herzöge von Schleswig und die Grafen von Holstein.
Marksteine in der Geschichte Nordfrieslands sind die „Siebenhardenbeliebung" (1426) und die Eiderstedter „Krone der rechten Wahrheit", hinter denen sich nichts anderes verbirgt als die schriftliche Fixierung der bislang nur mündlich überlieferten Landrechte, denn das dänische Recht galt auch weiterhin nur für die Geestharden. Auf der anderen Seite wurden die Uthlande, abgesehen von den reichsdänischen Exklaven Westerland-Föhr, Amrum und Listland, im Frieden von Vordingborg (1437) dem Herzogtum Schleswig zugeordnet, während sich die Dreilande Eiderstedts dem Grafen von Holstein anschlossen.
In diese Zeit fallen — bedingt durch das Vordringen des Meeres — der Aufstieg Husums als Hafen- und Handelsstadt sowie die Besiedelung des höhergelegenen Geestrandes durch die Uthlandfriesen.
Obwohl die notwendigen Bedeichungen wegen des hohen Einsatzes an Geld und Arbeitskraft von den Bauernschaften allein kaum noch zu bewältigen und Mithilfe der Landesherren erforderlich war, gab es für die an Selbstverwaltung gewöhnten Bewohner der Marschen Probleme mit den wachsenden Herrschaftsansprüchen der Fürsten.

Das 16. Jahrhundert brachte für Nordfriesland vier gravierende Änderungen der bisherigen Verhältnisse:

Mit der Einführung der Reformation am 12. August 1536 fiel fast ein Drittel des Grund und Bodens der Kirche an die früheren Besitzer zurück. Zum zweiten wurde Nordfriesland durch die zwischen den Herzögen Adolf und Hans d. Ä. vollzogene Landesteilung (1544) ein Teil des im Entstehen begriffenen Staates Schleswig-Holstein-Gottorf. Ausgenommen davon blieben die reichsdänischen Exklaven sowie die seit 1490 zum königlichen Anteil gehörende Bökingharde.

Drittens erhielten die Harden Nordfrieslands verschiedene neue Rechtsformen, die sich teils am jütischen, teils am römischen Recht orientierten. Besonders gravierend war die Einführung des „Spadelandesrechts" (1557), das die Deichpflicht jedes einzelnen Landbesitzers je nach Flächenanteil seines Areals genau festlegte. War dieser nicht in der Lage, seinen Anteil zu leisten oder zu zahlen, mußte er als sichtbares Zeichen dafür einen Spaten in sein Deichstück stecken, worauf sein Anwesen samt allem Grund und Boden entweder an Gläubiger oder an Familienmitglieder bzw. Koognachbarn übergeben wurde. Wollte keiner den Besitz haben (was gar nicht so selten vorkam), mußte er vom Staat übernommen werden.

Eine weitere Änderung trat durch die in den letzten Jahrzehnten des 16. Jahrhunderts verstärkt einwandernden Niederländer ein, die − besonders im Eiderstedtischen − die Landwirtschaft umstrukturierten. Der bisher dominierende Ackerbau wurde zunehmend von der florierenden Weide- und Milchwirtschaft abgelöst, außerdem entstanden in der Landschaft Eiderstedt die ersten Haubarge .

Im südlichen Teil Nordfrieslands führte dies zu einer kurzen Blütezeit, die sich unter anderem in der Verleihung der Stadtrechte an Tönning und Garding (1590) sowie an Husum (1603), ferner in der Gründung Friedrichstadts (1621) äußerte.

Mit dem Übergreifen des Dreißigjährigen Krieges auf Nordfriesland und der Einquartierung kaiserlicher Truppen in den Jahren 1627−29 begann bald darauf ein Jahrhundert kriegerischer Auseinandersetzungen. Weitere Schläge erhielt Nordfriesland durch die unheilvolle Aneinanderreihung von Sturmfluten jener Jahre, die mit der verheerenden zweiten Mandränke (1634) und der Zerstörung der Insel Strand ihren Höhepunkt fand. Nach dieser Flut wurden an den Festlandsküsten und auf den Marscheninseln verstärkt Eindeichungen vorgenommen, die vom Landesherrn an kapitalkräftige Unternehmer vergeben wurden. Besonders auf Nordstrand und

17

Pellworm wurden dafür auch holländische „Partizipanten", das sind Teilhaber, an die das Land durch entschädigungslose Enteignung der vormaligen Besitzer überschrieben wurde, ins Land geholt, was in der Folgezeit viele Nordfriesen in die Auswanderung trieb.

Die Bewohner der Geestinseln erlebten nach dem Niedergang des Heringsfangs in den ersten Jahrzehnten des 17. Jahrhunderts eines der traurigsten Kapitel ihrer Geschichte. Um so dankbarer wurde die neue Möglichkeit genutzt, auf holländischen und — ab dem Jahr 1643 — auch auf hamburgischen Walfangschiffen auf „Grönlandfahrt" zu gehen, was für die seefahrtserfahrenen Insel- und Halligfriesen in den folgenden 150 Jahren zu einer sehr guten Einnahmequelle werden sollte. Die vornehmlich aus dem 18. und 19. Jahrhundert stammenden „Kapitänshäuser" der drei Geestinseln zeugen noch heute von dem erstmals erreichten Wohlstand, der anschließend durch die erfolgreiche Handelsseefahrt noch gesteigert wurde.

Nach der Vereinigung des Gottorfer mit dem königlichen Anteil Dänemarks im Jahre 1721 regierte Friedrich IV. als absoluter Herrscher über das Land. Besonders die Befreiung vom Wehrdienst wurde auf den Inseln mit großer Erleichterung aufgenommen (1735).

Doch die nächste Krise bahnte sich bereits an: Bedingt durch die Kontinentalsperre im Jahr 1806 kam es zunächst zum Niedergang der Handelsseefahrt, ferner führte die offensichtliche Mißwirtschaft in den Staatsfinanzen im Jahre 1813 zum Staatsbankrott, worauf auch Nordfriesland einen erneuten Tiefpunkt erreichte. So nimmt es nicht wunder, daß der Ruf nach einer Verfassung immer lauter wurde; besonders der Sylter Uwe Jens Lornsen machte sich durch seinen Entwurf einer die Herzogtümer Schleswig und Holstein verbindenden Verfassung einen Namen.

Nach dem Deutsch-Dänischen Krieg 1864 wurde Schleswig von den Preußen besetzt, und nach dem darauffolgenden Preußisch-Österreichischen Krieg 1866 fielen die Herzogtümer als Provinz Schleswig-Holstein an Preußen. Diese Übernahme wurde beileibe nicht von allen Friesen mit Freude gesehen, genossen doch besonders die Insulaner zahlreiche Privilegien, die nun plötzlich wegfielen. Wiederum entschlossen sich viele Friesen zur Auswanderung.

Nach dem Ersten Weltkrieg kam es im Jahre 1920 zu einer Volksabstimmung über den weiteren Verbleib des Landes. Die bekannte Teilung des Landesteils Schleswig — Nordschleswig gehörte künftig zu Dänemark, Südschleswig zum Deutschen Reich — war die Folge, und auch in Nordfriesland entstanden durch die Verlegung der Landesgrenze nach Süden Wunden, die bis heute nicht ganz geheilt scheinen.

Jüngstes bedeutsames Geschehnis in der nordfriesischen Geschichte ist die bereits anfangs erwähnte Kreisgebietsreform vom 26. April 1970, die die ehemaligen Kreise Südtondern, Husum und Eiderstedt zusammenfügte und somit die Nordfriesen erstmals in einer Verwaltungskörperschaft vereinigte.

Sturmfluten aus dem Westen und von der Geest herabfließendes Regenwasser aus dem Osten verwandelten das Gotteskooggebiet — die Landschaft Emil Noldes — immer wieder in ein Labyrinth aus Flüssen und Seen. Von einer landwirtschaftlichen Nutzung im üblichen Sinne konnte man nur träumen, gute Bedingungen aber herrschten für den Fischfang und die Gewinnung von Reet, das zum Dachdecken Verwendung fand. Noch heute erinnern Straßen- und Flurbezeichnungen der Geestrandorte sowie im Wiedingharder Alten Koog an diese ehemals wichtigen Einnahmequellen.

Aus der Umgegend
von Flensburg.
Plönnen för Potttüch.

Auf einem Hof in Vollstedt (die Original-Bildlegende ist nicht ganz korrekt): Nach der Jahrhundertwende war Johannes Feddersen im Raum Bredstedt ein bekannter Mann. Mit seinem Hundegespann fuhr er übers Land und tauschte Potttüch (Porzellan) gegen Plönnen (Lumpen). Die Geschäfte schienen gut zu gehen, denn Jahre später wurde er gar mit Pferdegespann gesehen . . .

Husums Entwicklung zum wirtschaftlichen Zentrum im Gebiet nördlich der Eider war vorgezeichnet, lag der Ort doch an der einzigen tieferen Naturbucht der Westküste, die den Frachtschiffen ausreichend Schutz bot.

Die Szene vom Husumer Wochenmarkt um die Jahrhundertwende zeigt Geschäftigkeit und kleinstädtisches Ambiente in der heutigen Kreishauptstadt.

Der Husumer Binnenhafen, bis heute als Promeniermeile genutzt, erfuhr im Laufe der Jahrhunderte mehrfach Veränderungen, die meist in einer Verkleinerung des Hafenbeckens endeten. Ging es ehemals mehr um die weitere Befestigung der Pier, fiel erst in jüngster Zeit ein Teil des Hafens dem Autoverkehr zum Opfer. Leidenschaftliche Proteste der Bevölkerung waren die Folge.

Überlieferte Auf-
zeichnungen der
Strandvögte bezeugen
allein seit dem 17.
Jahrhundert Hunderte
von Strandungsfällen,
vornehmlich auf den
Inseln Amrum und
Sylt sowie den
Außensänden. Ende
September 1872 trieb
ein Orkan allein vier
Schiffe auf den Syl-
ter Strand, darunter
die holländische Kuff
(Küstenfrachtsegel-
schiff) „De Spruit".

In einer dramatischen
Aktion konnte ledig-
lich der Kapitän
gerettet werden, wei-
tere drei Besatzungs-
mitglieder fanden den
nassen Tod.

Der Ort List auf Sylt zählte noch um die Jahrhundertwende zu den entlegensten Dörfern Nordfrieslands. Zu erreichen war er nur auf stundenlangen Fußmärschen entlang des Strandes oder am Rande des Watts. Erst mit dem Bau des Seefliegerhorstes Anfang der dreißiger Jahre rückte der Flecken ins Licht der Öffentlichkeit. Trotz aller baulichen Veränderungen haben einige der alten Lister Häuser bis heute überlebt, so der große Dreiseithof der Listlandbesitzer Diedrichsen in der Alten Dorfstraße.

25

Die Badegäste kommen! Mit dem Einsetzen des Fremdenverkehrs und der Gründung von Seebädern eröffnete sich nach dem Niedergang des Walfangs eine neue Erwerbsquelle für die Bewohner der Geestinseln Föhr (ab 1819), Sylt (ab 1855) und Amrum (ab 1890). Die Reisenden lobten Reinlichkeit und Gastfreundschaft der Friesen, Kritiker warnten vor dem drohenden Verfall der Sitten.

Für die Gäste der Inseln Amrum und Sylt endete die oft tagelange und strapaziöse Anreise mit einer seekrankheitsträchtigen Schiffspassage, deren Schaukelei – so berichten Leidensgenossen – nur noch von der abschließenden Fahrt mit der Inselbahn übertroffen wurde. „Blumenpflücken während der Fahrt verboten" galt als ernstzunehmende Warnung auf dieser letzten Etappe bis zum Quartier.

Mutige Eisbootfahrer, zuständig für den Transport von Nachrichten und Post, verbanden die abgelegenen Inseln und Halligen mit der festländischen Zivilisation. Zur Knochenarbeit wurde der Job, wenn das spezialverstärkte Boot über Hunderte von Metern gezogen werden mußte. Wenn noch Nebel hinzukam oder das Eis zu treiben begann, dann wurde der Dienst zum Überlebenskampf.

Postschiffer Hans von
Holdt nimmt Pakete
für den Transport zur
Hallig Hooge ent-
gegen.

Gruß von der Hamburger Hallig

Besucher der Ham-
burger Hallig werden
feststellen, daß sich
hier innerhalb dieses
Jahrhunderts nur
wenig geändert hat.

Peterheizwarft auf Hallig Langeneß, um 1910: Noch bis weit ins 20. Jahrhundert hinein gehörten die meist in Eigenregie erbauten Bockmühlen zum Bild der Halligen. Gegen ein geringes Entgelt ließen die Bewohner ihr als Wintervorrat herangeschafftes Getreide bei den Besitzern portionsweise mahlen.

Hanswarft auf Hallig Hooge, um 1900: typisches Bild einer Halligwarft mit Fething und reetgedeckten Friesenhäusern, wie sie noch bis in die sechziger Jahre zu sehen war. Wegen des steigenden Meeresspiegels und der Sturmfluten mußten die ehemals niedrigen Warften erhöht werden, was oftmals den Abriß der alten Bausubstanz zur Folge hatte. Moderne Zweckbauten zeigen, daß für „Halligromantik" heute kein Platz mehr ist. Nur im berühmten „Königspesel" (rechts im Bild angeschnitten) ist der Wohnraum eines reichen Hoogers bis heute erhalten geblieben.

Die „bestgeschützte" Landschaft der Welt?

Der Kampf um den Erhalt der nordfriesischen Landschaft spielt sich an zwei Fronten ab: Auf der einen Seite werden Festland und Inseln von mehr als 220 km Landesschutzdeichen gegen die zerstörerische See verteidigt, auf der anderen Seite machte es der naturfressende Expansionsdrang des Menschen (besonders durch den intensiven Fremdenverkehr) erforderlich, über 30 Naturschutzgebiete mit einer Gesamtfläche von über 100 km² auszurufen. Zumindest in Deutschland ist dies auf so kleinem Raum ohne Beispiel. Trotz leidenschaftlichen Protestes der einheimischen Bevölkerung wurde darüber hinaus der „Nationalpark Schleswig-Holsteinisches Wattenmeer" ins Leben gerufen, dessen nordfriesischer Teil — von der dänischen Grenze bis zu den Stränden vor St. Peter — allein eine Fläche von fast 1 600 km² umfaßt. Es gibt in Europa (vielleicht gar weltweit?) keine andere Region vergleichbarer Größenordnung, die — zumindest nach außen hin — derart intensiv „geschützt" wird, was manchem hier Wohnenden durchaus über die Hutschnur geht. „Schützt uns vor den Naturschützern" oder „Wir schützen unsere Landschaft zu Tode" waren Schlagworte jener Widersacher in der Nationalparkdiskussion, die bereits in den sechziger Jahren entflammte und auch nach Einrichtung des Parks noch lange nicht verebbt ist.

Erste Schutzbestrebungen lassen sich bereits zu Anfang dieses Jahrhunderts erkennen, als der Verdruß über die städtischen Lebensverhältnisse nach der Industrialisierung zu einer Orientierung auf „unverbrauchte Natur" führte, die Nordfriesland in Fülle besaß. So verwundert es nicht, daß die Geburtsstätten der ältesten Naturschutzvereine an der Küste zu suchen sind: Bereits im Jahre 1909 benannte sich der „Verein Jordsand" nach der damals noch zum Deutschen Reich gehörenden Hallig gleichen Namens (auf heute dänischem Gebiet nordöstlich von Sylt gelegen) und machte durch den spektakulären Kauf der Hallig Norderoog auf sich aufmerksam. Zugleich setzte sich der Verein für den Schutz der damals noch auf dem Lister Ellenbogen brütenden Raubseeschwalben ein.

Der 1923 ins Leben gerufene „Verein Naturschutz Insel Sylt" (heute: „Naturschutzgemeinschaft Sylt") sorgte im gleichen Jahr für die Unterschutzstellung des geologisch bedeutsamen Morsum Kliffs und der 18 km² großen Dünenlandschaft „Nord-Sylt", die lange Zeit das größte deutsche Naturschutzgebiet blieb.

33

Das Wattenmeer —
mal Meeresboden,
mal Landfeste —
gehört zu den großen
Naturschätzen Nord-
frieslands, die heute
dringender denn je
wirksamen Schutz
brauchen. Seit Aus-
rufung des „Natio-
nalparks Schleswig-
Holsteinisches Wat-
tenmeer" ist daher
das Betreten (und
natürlich die
wirtschaftliche Nut-
zung) wertvoller
Gebiete untersagt.

Auch der bereits 1899 gegründete „Deutsche Bund für Vogelschutz" übernahm Betreuungsaufgaben im Raum Nordfriesland: Die Hamburger Hallig (1930), die Löwenstedter Sandberge (1931) und die Kampener Vogelkoje auf Sylt (1935) wurden als neue Schutzgebiete ausgewiesen. Der in den sechziger Jahren rasch ansteigende Fremdenverkehr rief kühne „Visionäre" auf den Plan, die Hotelbauten im Wattenmeer (auf Pfählen errichtet) für ebenso notwendig hielten wie den Einsatz von Hovercrafts für den Herantransport der Gäste. In zunächst geheimgehaltenen Plänen wurden Standorte für Atomkraftwerke in den strömungsreichen Gezeitenrinnen untersucht und umfangreiche Großeindeichungen weiter Wattengebiete projektiert. Dies alles führte im Gegenzug zur Unterschutzstellung der nordfriesischen Außensände (1968), gefolgt von der Ausrufung des gesamten „Nordfriesischen Wattenmeeres" südlich des Hindenburgdamms (1974, 1 400 km^2) zum größten Naturschutzgebiet Deutschlands. Nach dem schleswig-holsteinischen Landschaftspflegegesetz erhalten vornehmlich private Naturschutzvereine den Auftrag, die Schutzgebiete zu betreuen, d. h. sie zu bewachen und auch ganzjährig Beobachtungen durchzuführen. Daneben haben sich besonders zwei Vereine im Sektor der Naturschutzpädagogik engagiert: Die „Naturschutzgesellschaft Schutzstation Wattenmeer", im Jahre 1962 gegründet, erhielt die Betreuungsaufträge für die Naturschutzgebiete „Hörnum-Odde", „Amrumer Dünen" sowie das „Nordfriesische Wattenmeer" und setzte ab 1972 (zunächst als Modellversuch) erstmals und mit großem Erfolg Zivildienstleistende ein. Neben der Naturschutztätigkeit besteht deren Aufgabe in der Betreuung von Informationszentren, die auf den fünf Nordfriesischen Inseln, den Halligen Hooge und Langeneß sowie in Garding/Eiderstedt zu finden sind, der Durchführung von Watt-, Hallig- und Inselwanderungen und der Vermittlung von Informationen in Vorträgen und naturkundlichen Kursen. Heute sind 30 Zivildienstleistende bei der Schutzstation beschäftigt. Auch das „Naturzentrum Nordfriesland", im Jahre 1975 durch den ehemaligen Kreisnaturschutzbeauftragten Walter Fiedler in Bredstedt gegründet und aufgebaut, widmet sich mit großem Erfolg der Naturschutzpädagogik. Während ein Naturschutzgebiet per Verordnung vom Umweltministerium des jeweiligen Bundeslandes ausgerufen wird, muß für die Einrichtung eines Nationalparks ein entsprechendes Gesetz verabschiedet werden. Auch die Betreuung ist anders organisiert, liegt sie doch in den Händen einer Landesbehörde, des Nationalparkamts. Somit ergab sich mit der Verabschiedung des Nationalparkgesetzes im Juli 1985 und der Einrich-

Die „bestgeschützte" Landschaft der Welt?

Der „Nationalpark Schleswig-Holsteinisches Wattenmeer"

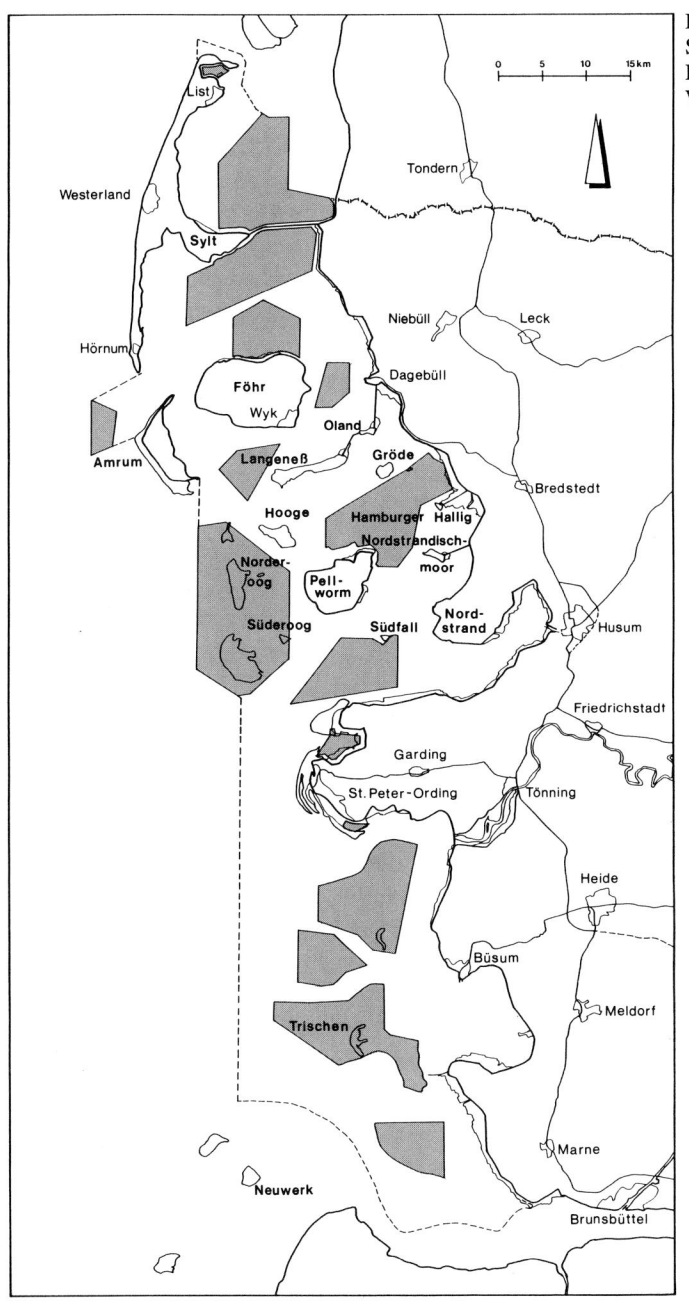

List

Tondern

0 5 10 15 km

Westerland

Sylt

Niebüll   Leck

Hörnum

Föhr   Dagebüll

Wyk

Oland

Amrum   Langeneß   Gröde

Bredstedt

Hooge   Hamburger Hallig

Nordstrandisch-
moor

Norder-
oog   Pell-
worm

Süderoog   Südfall   Nordstrand   Husum

Friedrichstadt

Garding

St. Peter-Ording   Tönning

Heide

Büsum

Meldorf

Trischen

Marne

Neuwerk

Brunsbüttel

– – – – Grenze des Nationalparks

Zone 1

37

tung des Amtes in Tönning im Wattenmeerschutz Nordfrieslands ein Nebeneinander verschiedener Institutionen. Es ist zu hoffen, daß sich Schutzstation und Nationalparkamt Anfang der neunziger Jahre endlich im Interesse des Naturschutzes zusammenraufen.

Zu den Unterschieden zwischen einem Naturschutzgebiet und einem Nationalpark gehört ferner, daß die Ausrufung des ersteren die nach deutschem Naturschutzrecht stärkste Schutzform für eine Landschaft darstellt, ein Nationalpark aber auch internationale Kriterien erfüllen muß. Die natürlichen Voraussetzungen dafür scheinen gegeben zu sein:

▷ Großräumigkeit (2 800 km², davon beträgt der nordfriesische Teil, wie erwähnt, etwa 1 600 km²)

▷ Besondere Eigenart (größte zusammenhängende Wattenlandschaft der Welt)

▷ Vom Menschen nicht oder nur wenig beeinflußter Zustand: Hierüber lassen sich lange Diskussionen führen, da die Naturvorgänge im Watt zwar nahezu ungestört ablaufen, die Küstenkonfiguration aber zum größten Teil vom Menschen gemacht ist. Außerdem hat auch die frühere Besiedlung heutiger Wattenflächen sowie deren Bewirtschaftung − zum Beispiel durch Salztorfabbau − ihre Spuren hinterlassen.

▷ Artenreicher Tier- und Pflanzenbestand: Es gibt zahlreiche endemische, d. h. nur hier zu findende Tier- und Pflanzenarten. Außerdem ist das Wattenmeer eines der vogelreichsten Gebiete der Erde, dessen Vögel aus einem mehr als hundertmal größeren Einzugsgebiet stammen, ferner Aufwuchsgebiet wichtiger Speisefischarten wie Scholle, Seezunge und Hering, und es gehört zu den Gebieten der Erde mit der größten Biomasseproduktion, d. h. die Gewichtsmenge lebender Pflanzen und Tiere − auf eine bestimmte Fläche des Watts bezogen − erreicht globale Spitzenwerte.

Doch die ebenfalls für einen Nationalpark geforderte Restriktion „konkurrierender Nutzungsarten" wird wohl noch einige Zeit in Anspruch nehmen. Es gibt jedenfalls auf der Welt keinen anderen Nationalpark, dessen Wert durch diverse Ausnahmeregelungen derart geschmälert wird wie der schleswig-holsteinische. So werden auch weiterhin:

▷ Ölbohrungen vorgenommen (im Dithmarscher Teil des Watts, nahe der Insel Trischen)

▷ Waffen erprobt (Meldorfer Bucht/Dithmarschen)

▷ Tiefflüge durchgeführt (hier unterscheiden sich Recht und Praxis)

▷ Ausnahmegenehmigungen für Schiffahrt, Fischerei, Landwirtschaft und Jagd vergeben (diese sollen allerdings mit den Jahren auslaufen).

Der Nationalpark ist aufgrund seiner unterschiedlichen Schutzwürdigkeit (und Nutzung) in drei Zonen unterteilt, die jeweils etwa ein Drittel des Gesamtgebietes für sich beanspruchen.

Zone I umfaßt die wertvollsten und empfindlichsten Bereiche des Wattenmeeres wie Seehundsbänke, Brutkolonien vom Aussterben bedrohter Seevogelarten, Massenmauserplätze durchziehender Vogelarten, wichtigste Nahrungsplätze der Vögel im Watt sowie bedeutsame Bereiche mit nahezu natürlichen Oberflächenstrukturen (Außensände, natürliche Salzwiesen). *Zone II* bildet eine Pufferzone für die Zone I und umfaßt ferner solche Salzwiesen, die nicht in Zone I liegen. Alle übrigen Flächen gehören zur *Zone III*, die uneingeschränkt betreten werden darf.

Informationsmöglichkeiten bestehen in den genannten Zentren der „Schutzstation Wattenmeer", dem Naturzentrum Nordfriesland/Bredstedt sowie den Zentren des Nationalparkamtes in Braderup/Sylt (gemeinsam mit der „Naturschutzgemeinschaft Sylt"), in Wyk/Föhr (im Rathaus sowie – gemeinsam mit der „Schutzstation Wattenmeer" – im Umweltzentrum am Sandwall), in Norddorf/Amrum (mit der Gemeinde), auf der Rixwarft/Langeneß (gemeinsam mit der „Schutzstation") sowie im geplanten Inforaum im Leuchtturm Westerheversand/Eiderstedt.

Da die „Schutzstation Wattenmeer" auf den Halligen Hooge und Langeneß auch naturkundliche Kurse mit hohem Informationswert (und Unterbringung!) anbietet, sei abschließend auf deren Kontaktadresse hingewiesen: „Naturschutzgesellschaft Schutzstation Wattenmeer e. V.", Grafenstr. 23, 24768 Rendsburg, Telefon: (04331) 2 36 22, Fax: (04331) 2 52 46.

Was ist das wieder für ein Schietwetter heute, da könnte man glatt zwei draus machen", ist der Kommentar des Einheimischen, während der Urlauber mit schmerzverzerrtem Gesicht angesichts dahinschwindender Urlaubsfreude zum nächsten Unterstand hechtet. Wir kennen sie alle, diese Bilder vom friesennerzbemäntelten Nordseetouristen, der — in offensichtlicher Mißachtung der normalen Urlaubsgesetze — allen Widrigkeiten von Wind und Regen zum Trotz seinen angestammten Platz im Strandkorb gegen die Elemente verteidigt. Alle Jahre wieder irgendwann sommertags gehen diese Szenen über den Bildschirm, wahrscheinlich um den Daheimgebliebenen zu suggerieren, daß Urlaubsglück nicht unangreifbar ist. Genauso hämisch ist die immer wieder gehörte Bemerkung, es gäbe kein schlechtes Wetter, sondern nur die falsche Kleidung. Damit kein falscher Eindruck entsteht — der Verfasser dieser Zeilen bekennt dagegen offen: Ja, es gibt bei uns an der Küste Sauwetter! Aber: lieber mal einen halben Tag richtiges Sauwetter als tagelang Landregen; mehr noch: lieber mal eine Woche lang steten Wechsel von Sonnenschein und Bewölkung als die unbarmherzige Sonne der Reiseziele des Jet-Zeitalters.

Resümee dieser Ausführungen: Erheblich wichtiger als die „richtige Kleidung" ist die richtige Einstellung zum Wettergeschehen. Wer Sonnenschein pur erwartet, kann natürlich Glück haben, wird aber ziemlich sicher eine Enttäuschung erleben. Wer dagegen dem wechselhaften Wetter mit Interesse begegnet, wird genauso sicher eine Bereicherung seines Urlaubs erfahren.

Ein Blick auf die Erdkugel, die geographische Breite Nordfrieslands rund um den Globus verfolgend, läßt dem Verdruß über verregnete Stunden schnell die Verblüffung folgen: Andernorts sinkt die Quecksilbersäule in der kalten Jahreszeit auf Mittelwerte (!) um $-40°\text{C}$ und darunter (Sibirien), bleibt die Sonne an 300 Tagen im Jahr hinter Nebelschleiern verborgen (Aleuten), wechseln sommerliche Hitzeperioden mit kreischenden Blizzards (Kanada) und . . . wie es auf Labrador zugeht, das ebenfalls auf der Breite Nordfrieslands liegt, das wissen Sie ja, oder?

Während ringsherum das Klima seine Zähne zeigt, glänzen die Küsten an Nord- und Ostsee durch eine „positive Temperaturanomalie" (Wissenschaftsjargon), beeindruckt die Ausgeglichenheit, Milde und im wahrsten

Sinne des Wortes reizvolle Wirkung der hiesigen Witterung, nicht nur im Tages-, sondern auch im Jahreslauf. Daß unser Land hier oben am 55. Breitengrad überhaupt in dieser Form besiedelbar war und heute nicht nur vom klimatischen Standpunkt als Dorado für Erholungsuchende gilt, verdanken wir zum einen dem Wärmetransport des Golfstroms, dessen klimatologisch relevantes Wirken von der Karibik bis nach Nordnorwegen zu verfolgen ist, zum anderen der sogenannten Westwinddrift, die für den Herantransport eben jener milden, wenngleich auch relativ feuchten Luftmassen vom Atlantik her verantwortlich ist.

Die statistisch belegte Tatsache, daß wir es im Jahresdurchschnitt an drei von vier Tagen mit Winden aus dem westlichen Sektor zu tun haben, führt zum „Erlebnis Wetter": Abgesehen von stabilen Hochdruckwetterlagen, die sich im Hochwinter (Februar) mit wahrhaft „sibirischer Kälte" und im Frühling (Mitte Mai bis Mitte Juni) mit bedingungslosem Schönwetter bemerkbar machen, steht die Küste unter dem Einfluß atlantischer Tiefdruckgebiete. Konzentrieren wir uns also auf das Wirken des wechselhaften Westwindwetters, dessen durchaus vorhersehbare Kapriolen auch für das touristische Leben eine bedeutsame Rolle spielen.

Der segensreiche, über der langen Meeresstrecke von Luftschadstoffen befreite und aerosolreiche Westwind erhält seine Dynamik aus besonders ausgeprägten Temperatur- (und damit Luftdruck-)Gegensätzen über dem Nordatlantik, vornehmlich zwischen dem 40. und 60. Breitengrad. Je schärfer diese Gegensätze, desto kräftiger der Wind, der besonders im Winterhalbjahr Sturmstärke erreichen kann. Die Erdrotation sorgt für eine Verwirbelung dieses windigen Gebildes um den Punkt tiefsten Drucks. Gleichzeitig mit der Verwirbelung zieht das meist mehrere tausend Kilometer im Durchmesser erreichende Tiefdruckgebilde nach Osten und schafft es nur in seltenen Fällen, sich an Nordfriesland vorbeizuschummeln. Meist zieht der Kern weiter nördlich vorbei. Da der Wind stets zum Punkt niedrigsten Drucks weht, setzt also bei Annäherung eines Tiefs Südostwind ein, der dann unter Auffrischung nach Südwesten dreht. Gleichzeitig verdichten sich die Wolken, die zunächst als fiedrige Zirren erscheinen, zur düsteren Stratusbewölkung, bis Regen einsetzt. Wenige Stunden später erfolgt der Sprung nach Westen, die Wolken reißen in Minutenfrist auf und schweben bei anschließendem Nordwestwind als traumhafte Kumuli über die weite Landschaft. Da sich das Wetter noch weniger als andere Naturvorgänge in Schemata pressen läßt, tritt dieser im Prinzip regelhafte Durchzug eines Tiefs natürlich in unendlich vielen Variationen auf,

Zu den „Entdeckern"
der nordfriesischen
Landschaft im
19. Jahrhundert zähl-
ten Schriftsteller und
Maler, die den faszi-
nierenden Grenzraum
von Land, Meer und
Himmel in Wort und
Bild nach außen tru-
gen. Als Beispiel sei
nur Emil Nolde
genannt, der die
ungewöhnlichen Far-
ben des Himmels zu
einem Hauptthema
seines Werks machte.
Erheblich „objekti-
ver" sieht die
Kamera die Land-
schaft ... und schafft
doch wieder ein
Gemälde.

wobei immer gilt: Je kleiner das Tief und je stärker der Wind, desto schneller ist das ganze Schauspiel beendet. Gegebenenfalls schließt sich ein weiteres Tief an, was am „rückdrehenden Wind" über West ablesbar ist. Besonders im Sommer jedoch folgt dem Tief in der Regel ein sogenanntes Zwischenhoch: Die großen Haufenwolken der Rückfront des Tiefs lösen sich nach und nach auf, nur noch harmlose Schäfchenwolken ziehen bei andauerndem Nordwestwind von der See heran und bescheren ein „Kaiserwetter", das Zehntausende von Gästen und Einheimischen an die Strände und Deiche treibt.

Dieser kurze Abstecher in die Klimakunde mag verdeutlichen, daß das Wetter an der Küste zwar wechselhaft ist, nicht aber unberechenbar. Als Ausnahme sind allerdings die bisher noch nicht sicher voraussagbaren Sturmtiefs zu nennen. Mit weiteren Grundkenntnissen und einem offenen Auge für Windrichtung und Art der Wolken lassen sich Ausflüge am Urlaubsort, beispielsweise Radtouren, mit großer Erfolgsquote planen. Abschließend zu dem Thema sei der Rat gegeben, die Aktivitäten in den ersten Urlaubstagen nicht zu übertreiben, bei Radtouren und längeren Spaziergängen erst *gegen* den Wind zu steuern und möglichst winddurchlässige Kleidung zu tragen. Ein atmender Regenumhang ergänzt das Reisegepäck und ist nicht nur leichter, sondern auch erheblich angenehmer zu tragen als der Friesennerz.

Was ist eine Sturmflut?

Ihr Motor liegt in Tiefdruckgebieten mit besonders ausgeprägten Druckunterschieden und entsprechend stürmischen Winden. Diese wirken auf die Meeresoberfläche in zumindest zweifacher Hinsicht ein: Erstens entstehen Wellen, die in der freien Nordsee Höhen von weit über 10 m erreichen können. Diese verwandeln sich bei Annäherung an die Küste in überkippende Brecher, die eine erhebliche Energie an Stränden, Deichen und Kliffs entladen. Auf Sylt ergaben wissenschaftliche Untersuchungen Sturmflutbrecher von bis zu 8 m Höhe! Die zweite, mindestens ebenso gravierende Folge des starken Windes ist der als „Windstau" bezeichnete Effekt: Durch die Schubkraft des Windes wird die Wasseroberfläche der Nordsee im wahrsten Sinne des Wortes „windschief", so daß an der Ostküste Englands ein extremer Tiefstand herrscht, während an der Westküste Schleswig-Holsteins der Wasserstand um durchaus mehrere Meter höher ansteigt als im langfristigen Mittel vorausberechnet. Der „Buchteneffekt" der deutschen Nordseeküste verstärkt diese Erscheinung noch. Der

Angriffspunkt der Wellen auf die Küstenschutzbauwerke wird so nach oben verlagert, zudem brechen die Wellen näher an der Küste.

Wichtig ist natürlich der Zeitpunkt des maximalen Windstaus. Tritt dieser zur Zeit des eigentlichen Niedrigwassers ein, wirkt sich die Wasserstandserhöhung weniger gravierend aus als dann, wenn Tidehochwasser und Windstau zusammenfallen.

Es leuchtet ein, daß der Windstau je nach Windrichtung an einer so tiefgestaffelten Küste wie der nordfriesischen überall unterschiedliche Werte erreicht, was die Bemessungsgrundlage für eine Sturmflut nicht gerade vereinfacht. So wird – aus Erfahrungswerten heraus – von einer Sturmflut gesprochen, wenn der zu erwartende Wasserstand das Tidehochwasser um etwa 1,5 m zu übersteigen droht. Dies ist im Raum Nordfrieslands etwa bei Windstärken zwischen 8 und 9 Beaufort der Fall. Bei mehr als 11–12 Windstärken sind über 4 m (!) Wasserstandserhöhung zu erwarten.

Zwei weitere Faktoren sind ebenfalls wichtig für die endgültige Sturmfluthöhe: Tritt der maximale Windstau zum Zeitpunkt einer sogenannten „Springtide" ein (in Nordfriesland 2–3 Tage nach Voll- oder Neumond), wird von einer Springflut gesprochen, da der Tidenhub während dieser astronomischen Konstellation größer ist als „normal". Schließlich ist es möglich, daß sich – wie bei der Sturmflut im Februar 1962 geschehen – eine „Fernwelle" auf den Wasserstand auswirkt: Diese entsteht durch Luftdruckschwankungen oder Seebeben im offenen Ozean und kann den Wasserstand bis in den Trichter der Deutschen Bucht hinein erhöhen.

Ob bei einer Sturmflut große Schäden entstehen, hängt nicht zuletzt von der „Verweildauer" des hohen Wasserstandes ab. Auch ist es möglich, daß mehrere „kleine" Sturmfluten hintereinander – wie im November/Dezember 1973 – mehr Schäden verursachen als eine schwere Sturmflut.

Sie sehen: Auch die Vorhersage von Sturmfluten ist eine Sache für sich. Kein Wunder, daß unsere Vorfahren sie mit Mythen umrankten!

An der Küste ist
Wetter untrennbar
mit Wind verbunden,
der in der kalten Jah-
reszeit nicht selten
Sturmstärke erreicht.
Von der Atmosphäre
angepeitscht, ergie-
ßen sich die Fluten
über die niedrigen
Außendeiche der
Halligen und verwan-
deln — zumindest
vorübergehend —
eben noch festes
Land in Meeres-
boden.

Wegweiser zu den ursprünglichen Bauformen
im Raum Nordfriesland

Zweifellos erkennt man eine Landschaft auch an ihren Häusern. Womit jene Häuser gemeint sind, die als „landschaftsbürtig" gelten, deren Baumaterialien also „aus der Gegend" stammen und deren Äußeres und Inneres sich aus den klimatischen Bedingungen und den (land-)wirtschaftlichen Notwendigkeiten über lange Zeiträume entwickelten. Allerdings – das sei gesagt, um falsche Vorstellungen gleich aus dem Wege zu räumen – hat der moderne Internationalismus in der Architektur auch vor den Grenzen Nordfrieslands nicht haltgemacht, so daß die Neubausiedlungen vor Husum, St. Peter und Niebüll sich vom entsprechenden Siedlungsbrei vor Mannheim, Zwickau und Hannover kaum unterscheiden.

Veränderte wirtschaftliche Bedingungen (weg von der Landwirtschaft, hin zum Fremdenverkehr), andere Wertvorstellungen und – leider – auch eine gehörige Portion schlechten Geschmacks leiteten schon um die Jahrhundertwende eine Entwicklung ein, die Lorenz Conrad Peters bereits 1922 zu der Feststellung veranlaßte: „Das Nordfriesenhaus ist tot." Peters sah allerdings schon die Abkehr von der Ständerbauweise als das Ende an. Hier ruht das Dach nicht auf den Außenmauern, sondern auf einem Ständergerüst im Inneren des Hauses.

Der Reisende unserer Tage wird – soweit er an baulichen Eigenarten Interesse zeigt – einem wahren Wechselbad der Gefühle ausgesetzt: Auf der einen Seite gilt Nordfriesland mit nicht weniger als drei unterschiedlichen Hausformen und zwei Sonderformen als die reichste Hauslandschaft Schleswig-Holsteins, auf der anderen Seite hat die bauliche Überfremdung und das Dahinschwinden der alten Reetdachhäuser durch Abriß, Feuer oder Verhunzung gerade in den letzten Jahrzehnten Formen angenommen, die das Auffinden der „Restbestände" immer schwieriger gestaltet.

Die ungewöhnliche Vielfalt an Hausformen auf einem vergleichsweise engen Raum ist auf die unterschiedlichen Einwanderungswellen, die Randlage und die jahrhundertelange Abgeschiedenheit Nordfrieslands zurückzuführen, die die Entwicklung regionaler Eigenarten begünstigte. Carl Ingwer Johannsen, Direktor des Schleswig-holsteinischen Freilichtmuseums in Molfsee bei Kiel, unterscheidet folgende Hausformen:

1. Das Niederdeutsche Hallenhaus, auch Niedersachsenhaus genannt
2. Das jütische quergeteilte Geesthardenhaus
3. Das Gulfhaus (Haubarg)

Zu diesen drei Grundtypen treten noch zwei Sonderformen:
4. Das Uthlandfriesische Haus
5. Der Vierseithof

Alle genannten Bauformen zeichnen sich durch Reetbedachung aus, war Reet doch als natürlicher Baustoff in der ehemals amphibischen Landschaft Nordfrieslands immer in ausreichenden Mengen vorhanden.

Zu 1: Das Niederdeutsche Hallenhaus ist im gesamten norddeutschen Flachland anzutreffen und findet im Raum Husum seine nördlichste Verbreitung, ist also von Süden her „eingewandert". Das gesamte wirtschaftliche und häusliche Leben spielte sich in diesen Häusern ursprünglich in nur einem überdachten Raum (Halle), der sogenannten Diele, ab. Beidseitig der zentralen „Groot Dör" in der Schmalseite des Hauses ziehen sich die Stallungen für Pferde und Rinder hin. Auf dem Boden darüber lagern Heu und Getreide, die direkt von der befahrbaren „Futterdiele", d. h. vom Erntewagen aus durch Deckenöffnungen eingebracht werden. Gegenüber der „Groot Dör" breiten sich quer zur Längsdiele die Eß-, Wasch- und Schlafplätze aus. Vom 16. Jahrhundert an jedoch gab es für diese Zwecke Nebengebäude oder bauliche Erweiterungen.

Ein sehr schönes Beispiel für ein derartiges Hallenhaus ist das Museum „Ostenfelder Bauernhaus" in Husum, Nordhusumer Straße 13, Telefon: (04841) 6 75 88, das von März bis Oktober jeweils von 10−12 und von 14−17 Uhr geöffnet ist.

Zu 2: Im Gegensatz zum Hallenhaus mit der Mittellängsdiele teilt sich das von Norden eingewanderte jütische Geesthardenhaus quer auf. Die schmale Vordiele, meist durch zwei einander gegenüberliegende Außentüren erschlossen, trennt den Wohn- vom Wirtschaftsbereich. Alle Bereiche wie Wohnteil, Scheune, Stall und Loo, das ist die Diele im Wirtschaftsteil, werden jeder für sich durch Türen und Tore von der Längsseite her erschlossen, woran diese Häuser sofort zu erkennen sind. Ein sehr gut erhaltenes Beispiel ist der Hof Peterswarft bei Ockholm.

Zu 3: Das auf den ersten Blick erkennbar völlig anders konstruierte Gulfhaus stammt im Ursprung aus dem west- und ostfriesischen Raum und wurde − durch die im 16. und 17. Jahrhundert vornehmlich nach Eiderstedt einwandernden Holländer − erst spät in die nordfriesische Landschaft integriert. Trotzdem setzte sich dieser bekannte Haubarg (= Heuberg) wegen der dominierenden Milchviehhaltung schnell gegen die älteren friesischen „Langhäuser" durch und beherrschte über Jahrhunderte das Landschaftsbild Eiderstedts.

Zu den auffälligsten
Bauernhaustypen
Deutschlands zählen
die Haubarge, die
von holländischen
Siedlern im 17. Jahr-
hundert in Nordfries-
land eingeführt wor-
den sind. Verbunden
mit einem Wechsel
der Wirtschaftsform
vom Ackerbau zur
Milchwirtschaft, ver-
drängten sie in
Eiderstedt die boden-
ständigen „Langhäu-
ser", auch „Friesen-
häuser" genannt.

Der große „Barg" als mächtiger Stapelraum im Zentrum des Hauses läßt sich auf einfache rechteckige Scheunengebäude, sogenannte „Vierruten-berge", zurückführen, an die im Laufe der Zeit an den Außenseiten die Wohnung, der Kuh- und Pferdestall sowie die Einfahrtsdiele angepaßt wurden. Das hohe pyramidenähnliche Dach auf den niedrigen Umfassungswänden ist das äußerliche Charakteristikum der Haubarge, die mit keinem anderen Haus zu verwechseln sind. Die verglichen mit den anderen „Friesenhäusern" erheblich luftigere Konstruktion im Inneren war möglich, da man den gesamten Erntestapel nicht deckenlastig unterbrachte (was eine erheblich massivere Bauweise erfordert hätte), sondern ihn vom Fußboden (= Gulf) bis hoch in den First stapelte. Da das erforderliche Rauhfutter für die Viehhaltung so auch besser verfügbar war, hatten die Haubarge einen deutlichen Vorteil gegenüber älteren Bauformen.

Der Niedergang der auffälligen Haubarge ist besser dokumentiert als der anderer Hausformen: Noch 1861 sind auf einer Karte über 370 Haubarge in Eiderstedt verzeichnet. Eine genaue baukundliche Erhebung ermittelt 1930 noch etwa 180 dieser Bauernhäuser. Heute stehen noch knapp 70. Nur bei etwa 40 ist die typische äußere Gestalt noch erkennbar, und nur knapp 10 Exemplare sind sowohl im Äußeren wie im Inneren noch annähernd authentisch erhalten. Wir stoßen bei unserer Radtour im Westen Eiderstedts auf einige sehr gut erhaltene Exemplare. Für die Betrachtung der Innenkonstruktion sei der Besuch des „Roten Haubargs" empfohlen: 25889 Witzwort, Telefon: (04864) 8 45, in dem sich — neben einem Restaurant — die landwirtschaftliche Abteilung des Eiderstedter Heimatmuseums befindet.

Zu 4: Die Bezeichnung „Uthlandfriesisches Haus" deutet bereits auf dessen Herkunft hin, ist es doch vornehmlich in den wassergefährdeten Festlandsmarschen, mehr aber noch auf den Nordfriesischen Inseln, besonders auf Sylt, Föhr und Amrum, anzutreffen, während es auf den Halligen nur noch selten zu finden ist. Meist als „Friesenhaus" schlechthin bezeichnet, vereint es in sich sowohl Merkmale des Niederdeutschen Hallenhauses (wandnaher Ständerbau, längserschlossener Stallbereich) als auch des jütischen quergeteilten Hauses (quergeteilte Vordiele, Grundriß des Wohnteils). Besonders das von Ständern getragene Dach bewährte sich in der durch Überschwemmungen gekennzeichneten Marschlandschaft, denn ein Zusammenbruch der Außenmauern hatte nicht zwangsläufig den Verlust des ganzen Hauses zur Folge.

52

Erst im 17. Jahrhundert erhielten die uthlandfriesischen Häuser ihre heute so charakteristischen Giebel über der zentral im Längsteil befindlichen Tür. In den sogenannten „Kapitänsorten" Keitum/Sylt, Nieblum/Föhr und Nebel/Amrum finden sich die prachtvollsten Beispiele dieser mit so viel Harmonie konstruierten Hausformen, während das Innenleben am besten im Dr.-Carl-Haeberlin-Friesenmuseum, Rebbelstig 34, 25938 Wyk/Föhr, Telefon: (04681) 25 71, sowie im Altfriesischen Haus, Am Kliff 13, 25980 Keitum/Sylt, Telefon: (04651) 3 11 01, betrachtet werden kann. Ein schönes Beispiel ist auch das Friesische Museum Niebüll-Deezbüll, Osterweg 76, 25899 Niebüll, Telefon: (04661) 36 56.

Das uthlandfriesische Haus (meist vereinfacht als „Friesenhaus" bezeichnet) wird dem Besucher Nordfrieslands besonders auf den Inseln Sylt, Föhr und Amrum ins Auge fallen. Einer strengeren Prüfung auf korrekte Architektur werden allerdings nur die wenigen Gebäude standhalten, deren Besitzer und Bauherren sich — auch unter finanziellen Opfern — gemeinsam mit Denkmalpflegern um eine stilgerechte Restaurierung bemühten. Der bekannte Schnorhof in Morsum auf Sylt, erbaut im Jahre 1765, zählt sicherlich dazu.

Zwei Autotouren führen auf Hauptstraßen von Friedrichstadt gen Westen bis St. Peter-Ording sowie nach Norden bis Niebüll und dienen als erste Orientierungshilfe zum Kennenlernen von Land und Leuten. Angeschlossen sind Vorschläge für Spaziergänge durch die bekannteren Orte. Die Radtouren dagegen gehen mehr ins Detail und halten sich abseits der vielbefahrenen Hauptstraßen, sie lenken den Blick auf Sehenswertes am Wegesrand und veranschaulichen vor Ort die bereits im allgemeinen Teil des Reisebuchs behandelten Themenaspekte. Die Länge der Touren liegt zwischen 30 und 50 km, so daß die reine Fahrtdauer zwischen 2,5 und 4 Stunden angesetzt werden kann. Sonnenbäder, Picknicks oder Besichtigungen eingeschlossen, lassen sie sich zu Tagestouren erweitern.

Alle beschriebenen Routen wurden vom Verfasser selbst recherchiert und so exakt beschrieben, daß eine Orientierung auch ohne zusätzliche Kartenwerke möglich sein sollte. Trotzdem sei an dieser Stelle empfohlen, sich mit einer passenden Karte im Mindestmaßstab 1:100 000 auszurüsten, besser noch sind die Karten „Wandern und Erholen im Kreis Nordfriesland" im Maßstab 1:50 000 (Blatt Nord und Blatt Süd), herausgegeben vom Landesvermessungsamt Kiel. Damit ist es Ihnen möglich, auch an anderer Stelle in die meist als Rundtouren konzipierten Exkursionen einzusteigen oder weitere Ergänzungen je nach Lust und Wetterlage anzuhängen.

Grundsätzlich sei empfohlen, Radwanderungen so spontan wie möglich zu unternehmen und sich am Abend vorher den Wetterbericht gut anzuhören.

Wattwanderungen zwischen Festland und Inseln oder gar von einem Eiland zum nächsten zählen zu den eindrucksvollsten, sicher aber auch zu den gefährlichsten Unternehmungen im Land zwischen Himmel und Meer. Es sei deshalb auch an dieser Stelle darauf hingewiesen, daß mehrere der im Text erwähnten prinzipiell möglichen Touren, zum Beispiel von Pellworm nach Hallig Hooge oder von Südwesthörn nach Föhr, nur unter Führung unternommen werden dürfen!!! Andere Gebiete sind aufgrund der Nationalparkgesetzgebung für jedermann gesperrt. Bitte erkundigen Sie sich jeweils vor Ort bei den Fremdenverkehrsvereinen oder Kurverwaltungen über das Angebot an geführten Exkursionen.

Reisenden, die mit dem Auto von Süden über die A 7 kommen, sei empfohlen, den landschaftlich schönsten Weg nach Nordfriesland zu wählen. Auch wenn das Ziel im nördlichen Kreisgebiet oder auf den Inseln liegt, lohnt sich die Abfahrt am Rendsburger Kreuz, dann die Weiterfahrt über die B 202, immer der Ausschilderung nach Husum folgend. Sie queren dabei die wunderschöne Landschaft Stapelholm mit den weiten Niederungen von Eider und Sorge und erreichen gleich hinter der Kreisgrenze einen der schönsten Orte Nordfrieslands, das Holländerstädtchen Friedrichstadt, wo es — nur nebenbei bemerkt — am zentralen Marktplatz sehr nette Cafés und Restaurants gibt, die einen Zwischenstopp geradezu herausfordern.

Von der B 202 kommend, folgen wir also der Ausschilderung zum Zentrum. In den Hochsommermonaten kann man nur anraten, den Wagen auf dem Parkplatz direkt vor der ersten Brücke (Hinweisschild) abzustellen, zumal es von hier keine fünf Minuten bis zum Marktplatz sind. Diesen erreichen Sie nach Querung der Brücke, dann geht es links hinein in die Holmertorstraße und wieder rechts in den von einer Gracht geteilten Mittelburgwall. Damit nähern wir uns schon dem schönsten Teil Friedrichstadts.

Das niederländische Ambiente des Ortes kommt nicht von ungefähr. Es waren holländische Religionsflüchtlinge, sogenannte Remonstranten, und durch den Krieg mit Spanien im eigenen Lande nicht mehr glückliche Händler, die sich bereits im ersten Drittel des 17. Jahrhunderts an Herzog Friedrich wandten mit der Bitte, die Baugenehmigung für eine Stadt zu erhalten. Dieser stimmte prompt zu, waren ihm fremdes Know-how und Handelsgeist doch hochwillkommen, um einen Teil des Orient-Welthandels über sein Land zu leiten. So entstand Friedrichstadt als planmäßige Anlage auf einer kleinen Geländeerhöhung zwischen Eider und Treene, die wiederum durch sogenannte Sielzüge miteinander verbunden waren, also auf einer Insel. Auch heute noch ist der Stadtkern nur über Brücken erreichbar, und die Gracht Mittelburggraben trennt Norder- und Süderstadt.

Auf dem Marktplatz angekommen, fallen besonders die Treppengiebelhäuser an der Westseite ins Auge, die zweifellos meistfotografierte Szenerie des Ortes. Den Häusern gegenüber, direkt neben dem Brunnenhäuschen am Beginn der Grünfläche, finden Sie einen Ortsplan, Ausgangs-

Unverwechselbar und
nicht nur in touristi-
schen Kreisen
berühmt ist das bau-
liche Erscheinungs-
bild Friedrichstadts,
dessen planmäßige
Anlage im ersten
Drittel des 17. Jahr-
hunderts — samt
Treppengiebelhäusern
und Grachten — in
holländischen Hän-
den lag. Einem kur-
zen Aufblühen folgte
wirtschaftliche Stag-
nation, so daß das
Gepräge des Ortes
erhalten blieb.

punkt für weitere Entdeckungen. Zum touristischen Muß zählen das Auf und Ab in der sich nach Süden erstreckenden Prinzen- und Prinzeßstraße sowie ein Spaziergang über den „Malerwinkel", die den Mittelburggraben überquerende Steinbrücke und die Stadtfeldstraße zu den Landungsbrücken, wo die regelmäßigen Grachtenfahrten sowie – sommertags – die Treenefahrten nach Schwabstedt beginnen.

Wer sich gerne verläuft, ist hier nicht am rechten Ort, denn die planmäßige Anlage und die Insellage Friedrichstadts machen dies unmöglich.

Wer dagegen Näheres wissen will, ist in der Information (Kirchenstraße, gleich südlich des Marktplatzes) herzlich willkommen.

Vom Marktplatz aus verlassen wir Friedrichstadt über Prinzeßstraße und Am Fürstenburgwall, vom obengenannten Parkplatz fahren wir über Ostersielzug auf die B 202, dann folgen wir der Ausschilderung nach Tönning. Die Landschaft links und rechts der „Grünen Küstenstraße" ist nordfriesisch flach. Die Marsch erhebt sich in der Regel nur etwa 1 m über Normalnull, würde also ohne die allerorts sichtbaren Deiche und aufwendigen Entwässerungsanlagen häufig unter Wasser stehen. Sensibilisiert durch soviel „Flachheit", fallen bald nach der Ortsausfahrt die zahlreichen leichtgewölbten Hügel links und rechts der Straße ins Auge: Bevor Nordfriesland ein Land der Deiche wurde, nahm man die Überflutungen in Kauf und baute sein Anwesen auf mühsam errichtete Wohnhügel, die Warften. Diese zählen noch heute — besonders auf den Halligen — zu den Auffälligkeiten dieser Küstenlandschaft.

Nach 15 km erreichen wir Tönning, die sympathische Hafenstadt an der Eidermündung. Bitte nehmen Sie den ersten Abzweig (Schild: Tönning 2 km), so kommen Sie am besten auf den Marktplatz, wo sich das Touristbüro und eine Tafel mit dem Stadtplan befinden. Um einen Eindruck vom Ort zu bekommen, sei ein Spaziergang über den Schloßpark zum nahen Hafen empfohlen. Wem das touristische Treiben dort zu bunt erscheint, der kann durch schmale Gassen zum Markt zurückkehren.

Im Gegensatz zu Friedrichstadt war Tönning bereits um 1200 eine bedeutende Ansiedlung, wie die Größe der St.-Laurentius-Kirche beweist. Einen wahren Aufschwung erlebte der Ort nach der Fertigstellung des Hafens im Jahre 1613: Durch den andauernden Zuzug holländischer Siedler erlebte Eiderstedt eine Blütezeit in der Milch- und Viehwirtschaft, deren Produkte größtenteils exportiert, d. h. verschifft werden mußten. Bereits 1624 waren in Tönning mehr als 50 Schiffe beheimatet.

Doch der Dreißigjährige und der Nordische Krieg — 1714 fielen die bisher von Gottorf verwalteten Gebiete an das dänische Königreich — ließen Tönning zu einer unbedeutenden Provinzstadt herabsinken.

Erst mit der Fertigstellung des Eiderkanals, der ersten durchgehend schiffbaren Verbindung zur Ostsee, im Jahr 1784 erhielt der Ort neue wirtschaftliche Impulse, denn noch vor der Jahrhundertwende wurde die neue Wasserstraße von über 2 000 Schiffen pro Jahr befahren. Das große historische Packhaus auf dem Eiderdeich wurde übrigens bereits ein Jahr vor Eröffnung des Kanals fertiggestellt.

Über zwölf Kilometer Länge erstrecken sich die breiten Strände und Sandbänke vor St. Peter-Ording, sommertags ein Dorado für Freunde des Sonnen- und Meeresbades. Zu anderen Jahreszeiten gehören die Sände den Strandseglern, die Einsamkeit zu schätzen wissen.

Gut hundert Jahre später gab es mit der Eröffnung des Nord-Ostsee-Kanals den erwarteten Rückschlag. Wegen der Verlagerung der Wirtschaftswege fiel Tönning in den Dornröschenschlaf zurück.

Das Schild „Alle Richtungen" (neben der Kirche) weist uns den Weg zur Umgehungsstraße, wo wir Richtung Welt/Kating links abbiegen. Nach einem Kilometer geht es links ab nach Olversum. Wir folgen dann den Schildern zum Katinger Watt. Das Gebiet der heutigen „Freizeitlandschaft" wurde trotz leidenschaftlicher Proteste der Naturschützer eingedeicht. Die ehemaligen Wattflächen wurden anschließend menschengerecht gestaltet, d. h. entwässert (im landwirtschaftlich genutzten Teil), für den Verkehr erschlossen, mit Wanderwegen durchzogen und mit einer Kneipe samt großformatigen Parkplätzen verschönert. Auf der verbliebenen Wasserfläche jagen Surfer herum. Gegen den Wind – und die landschaftstypische Weitsicht – wurden Laubgehölze gepflanzt. Dem Erstbesucher Nordfrieslands wird die in diesen Sätzen schlummernde Kritik nur schwer verständlich sein, dem Kenner der Landschaft jedoch sträuben sich die Haare bei so viel Künstlichkeit, wie sie hier im Schutze der asphaltierten Abdämmung der Eider entstanden ist.

Das Eidersperrwerk, zur Zeit seiner Entstehung (1967–72) die größte Baustelle Europas, erfüllt mehrere Funktionen: Es verkürzt die Seedeichlinie um 55 km und senkt damit die Unterhaltungskosten, es reguliert den Wasserstand der Eider – was besonders der Schiffahrt zugute kommt –, und es minimiert die Sturmflutgefährdung des Hinterlandes: Bei drohender Flut werden einfach die Schotten dicht gemacht. Zudem ergab sich als Dreingabe die bessere Verkehrsanschließung des westlichen Teils Eiderstedts.

Unser nächstes Ziel heißt Garding. Dabei durchqueren wir den Ort mit dem netten Namen „Welt" und sehen kurz vor Garding den ersten Hauberg unserer Tour. Wer in das Zentrum schauen möchte, halte sich an der Hauptstraße rechts, nach 50 m wieder links, womit der Marktplatz mit der ab 1117 erbauten Kirche schon erreicht ist. Auf der Nordseite des Platzes befindet sich das Büro der Fremdenverkehrsgemeinschaft Eiderstedt, wo sich manch Unentschlossener noch die notwendigen Informationen über das Ziel seiner Eiderstedter Wünsche holen kann.

Auf unserer weiteren Fahrt entlang der B 202 erreichen wir einen der ältesten Orte Eiderstedts namens Tating. Dieser liegt ebenso wie Garding auf einem alten Nehrungshaken, der sich von Ording bis nach Katharinenheerd erstreckt und frühen Siedlern (bald nach 1000 n. Chr.) die Möglich-

keit bot, ohne große Deichbauarbeiten ein halbwegs sicheres Leben zu
führen. Die Gemeinde Tating besitzt noch heute mehrere guterhaltene
Haubarge. Einen davon können Sie von der Hauptstraße aus sehen, wenn
Sie bei der Bushaltestelle gleich nach dem Ortseingangsschild kurz rechts
heranfahren und sich den Hals verrenken.

St. Peter-Ording, das Ziel unserer Bemühungen, erstreckt sich auf einer
Länge von 9 km hinter Strand und Dünen Westeiderstedts und hat dementsprechend viele Zuwege zum Meer, die teilweise noch mit dem Auto
befahren werden dürfen. Die breiten Strände und Salzwiesen gehören seit
1985 zum „Nationalpark Schleswig-Holsteinisches Wattenmeer", so daß
es nur noch eine Frage der Zeit ist, bis der Strand ausschließlich Fußgän-
gern und Pferdekarren gehört. Wer sich von seinem Auto nicht trennen
kann oder möchte, wird an den Übergängen von Ording, St. Peter-Dorf
und St. Peter-Böhl neben der fälligen Kurtaxe ohnehin fürs Auto extra
berappen müssen.

Besuchern sei empfohlen, der Beschilderung nach St. Peter-Bad zu folgen
und das kostenfreie Parkhaus anzufahren, da es im gesamten Ort keine
anderen freien Dauerparkplätze gibt. Von hier aus sind es nur fünf Minuten bis zum Strandübergang (Kurtaxe) und weitere 15 Minuten auf der
berühmten Seebrücke bis zum Badestrand.

St. Peter ist, das wird der Besucher feststellen, eine völlig andere Welt als
das übrige Eiderstedt. Ähnlich wie in Westerland auf Sylt oder in Wyk auf
Föhr scheint die Nähe eines Strandes zu einer Art „kultureller Eigendyna-
mik" zu führen, die nur mit Entwicklungen in Goldgräberstädten vergleichbar ist.

Unsere zweite Erkundungstour führt uns — wiederum von Friedrichstadt ausgehend — zunächst über die B 202 nach Westen. An der Kreuzung mit der B 5 biegen wir rechts ab, der Ausschilderung nach Husum folgend. Im Norden werden die modernen Wahrzeichen der Kreishauptstadt Husum, hochaufragende Getreidesilos, bereits sichtbar, während wir ein besonders tief gelegenes Marschengebiet durchqueren, das vor nunmehr über 500 Jahren zwar erstmals „abgedeicht" wurde, aber dennoch bis ins 18. Jahrhundert hinein bei Deichbrüchen unter Wasser stand. Deshalb stehen bis heute noch viele Häuser auf Warften, obwohl ein Einbruch des Meeres bis in diesen Bereich — nach menschlichem Ermessen — kaum noch zu erwarten ist. Es überrascht daher nicht, daß wir auf der Strecke zwischen Friedrichstadt und Husum eines der am dünnsten besiedelten Gebiete des ohnehin schwach besiedelten Kreises durchfahren. Alle größeren Ansiedlungen finden sich auf dem höher gelegenen Geestrand im Osten, den man — klare Sicht vorausgesetzt — in ca. 5 km Entfernung gut erkennen kann. Auch Husum entstand als eine derartige Geestrandsiedlung an der Kreuzung eines alten Handelsweges mit dem Fluß Mühlenau. Erste Erwähnung findet der Ort im Jahre 1252 als „Husenbro" (Brücke bei den Häusern). Die besondere Gunst dieses Standortes stellte sich erst bei der verheerenden Flut des Jahres 1362 heraus, als das Meer die knapp 10 km westlich Husums gelegene Landverbindung zwischen Eiderstedt und der heutigen Insel Nordstrand durchbrach: Das Flüßchen Mühlenau geriet unter den Einfluß der Gezeiten, und Husum wurde zur Hafenstadt, was den weiteren Werdegang der Stadt entscheidend beeinflußte.

Doch lassen Sie uns zunächst in die Stadt hineinfahren: Wir benutzen also nicht die 1991 fertiggestellte Umgehungsstraße, sondern verlassen die B 5 an der Ausfahrt HUSUM-RÖDEMIS, um über die alte Hamburger Straße (im Ort: Wilhelmstraße) ins Zentrum vorzustoßen. Ein neuer großer Parkplatz direkt am Hafen ist schnell erreicht: Halten Sie sich direkt nach der Eisenbahnüberführung geradeaus und folgen Sie nicht der nach rechts abbiegenden Vorfahrtstraße. Direkt vor dem neuen Rathaus sehen Sie links das Hinweisschild auf den Parkplatz.

Von hier aus empfiehlt sich ein gut einstündiger Stadtspaziergang, der sich durch Museumsbesuche ohne weiteres auch zu einer Halbtagsaktion strecken läßt. Zunächst umrunden wir den sogenannten Binnenhafen, den ältesten Teil der Hafenanlagen, der Husum zu einem mächtigen Aufschwung verhalf: Der im 16. Jahrhundert stark um sich greifende Handel zwischen den Anrainern der Nord- und Ostsee veranlaßte vornehmlich holländische Händler, die Vorteile der schmalen Landverbindung zwischen Husum und Flensburg zu nutzen, denn an der schleswig-holsteinischen Westküste gab es keinen zweiten derart vor den Elementen geschützten Naturhafen, während die Umseglung Jütlands immer mit großen Risiken verbunden war. Des weiteren benötigte man dringend einen Exporthafen für das Überschußprodukt Getreide. Eine Schiffswerft entstand, die erst in den letzten Jahren aus dem Bereich des jetzigen Rathauses in den Außenhafen jenseits der Eisenbahn-Zugbrücke (im Westen gut zu sehen) verbannt wurde, da sich moderne Tonnagen nicht mehr auf solch engem Raum fabrizieren ließen.

Wir wollen es zunächst bei diesem maritimen Rundblick belassen und wenden uns rechts in die Krämerstraße, die mit dem schnell erreichten Marktplatz und der von dort nach Westen abgehenden Großstraße zum eigentlichen Zentrum Husums gehört. Drei Dinge fallen im Umkreis des großen Marktplatzes besonders auf: die erst in den Jahren 1827–32 errichtete klassizistische Marienkirche, deren 1807 wegen Baufälligkeit abgerissene Vorgängerin zu den bemerkenswertesten Sakralbauten Schleswig-Holsteins gehörte, die wesentlich älteren vornehmen Bürger- und Kaufmannshäuser an der Nordseite des Marktes, die zum Teil vor, zum Teil nach der Stadtrechtsverleihung im Jahre 1603 gebaut wurden, und das sogenannte Herrenhaus neben dem Rathaus, an den zwei Stufengiebeln zu erkennen. Es wurde 1520 erstmals erwähnt und gilt damit als ältestes Haus des Ortes. Zwar hat Husum kein „mittelalterliches Stadtbild" zu bieten wie andere Städte unseres Landes, aber dafür hat man es vorbildlich verstanden, jüngere Gebäude geschickt in den alten Baubestand zu integrieren, so daß man von einem harmonischen Ortsbild sprechen kann.

Als letztes fällt inmitten des Marktplatzes natürlich die bronzene „Tine" ins Auge, die über dem 1902 eingeweihten Asmussen-Woldsen-Brunnen recht zuversichtlich in die Zukunft schaut. Sie erinnert an Catharina Asmussen, die der Stadt Husum gemeinsam mit ihrem Cousin Friedrich Woldsen im Jahre 1859 eine gewaltige Schenkung vermachte: Neben dem „Roten Haubarg" erhielt die Stadt umfangreiche Ländereien sowie den Landsitz der Woldsens mit der Auflage, ihn als Altenstift weiterzuführen, was auch geschah. Zum Dank wurde Tine von dem Bildhauer Adolf Brütt verewigt.

Das Torhaus des
Schlosses vor Husum
stammt aus dem
Jahre 1612 und
gehört zu den am
besten erhaltenen
Teilen der Anlage.

Durch den Rundbogen des Rathauses kommen wir in den Schloßgang, der ebenfalls als gelungenes Beispiel für „Stadterneuerung" gelten kann. Werfen Sie doch im Weitergehen noch einmal einen Blick zurück auf den mittelalterlich anmutenden Winkel auf der Rückseite des Rathauses!

Am Ende des Schloßganges erreichen wir nach Querung der Schloßstraße die berühmte Parkanlage des „Schlosses vor Husum", die jedes Jahr zur Krokusblüte (Ende März/Anfang April) Zehntausende von Besuchern anlockt. Der Massenauftritt wird nur noch von der Anzahl blühender Krokusse übertroffen, die einen Großteil des Schloßparks wie ein violettes Meer bedecken.

Links neben dem kleinen Pfad, der von der Schloßstraße direkt zum „Burggraben" hinunterführt, steht das Torhaus von 1612, der am besten erhaltene Teil des gesamten Komplexes. Die Schloßanlage wurde von den Gottorfer Herzögen ab Ende des 16. Jahrhunderts auf einem Gebiet errichtet, das damals noch nicht zu Husum gehörte. Das Hauptgebäude, einst eine der bedeutendsten Anlagen der Renaissance, diente zunächst den Herzögen als Residenz und wurde später zu einem Witwensitz. Eine „Rundumerneuerung" im Jahre 1752 verwandelte das Antlitz total. Stellen Sie sich also auf ein barockes Erlebnis ein, wenn Sie nach hundert Metern dem tieferen Grabengebiet entsteigen. Lohnend ist auf alle Fälle eine Besichtigung der Innenräume, die nach weiteren Renovierungsarbeiten ab Anfang der siebziger Jahre nun möglich ist. Der Eingang liegt rechts neben dem Hauptturm.

Wir kehren zur Schloßstraße zurück und folgen dieser nach Westen, überqueren die als „Neustadt" bezeichnete Ausfallstraße und behalten auch in der kleinen Stichstraße die Richtung bei. So erreichen wir den Westfriedhof, an dessen südlichem Ende ein kleiner Pfad zum „Ostenfelder Bauernhaus" führt. Wie der Name schon sagt, stand dieses Haus, übrigens ein Niederdeutsches Hallenhaus, ursprünglich im etwa 10 km östlich von Husum gelegenen Ostenfeld, sollte dort bereits 1899 abgerissen werden und wurde von vorausschauenden Geistern auf dem Gelände des vormaligen Woldsenschen Landhauses Stück für Stück wieder aufgebaut. Als besonders „kontrastreich" ist dem Verfasser der Blick zurück beim Verlassen des Stiftungsgeländes erinnerlich, denn unmittelbar in Nachbarschaft erhebt sich heute ein Musterbeispiel des „omnipräsenten Silohauses" der Neuzeit, bestens dazu geeignet, uns wieder in die Gegenwart zurückzuführen . . .

70 Wir kommen auf die Nordhusumer Straße, folgen dieser nach Süden und

erreichen nach Überquerung der Bahnhofstraße das „Fischerviertel" Husums. Unsere Tour endet am Hafen. Vielleicht mit einem Krabbenbrötchen in der Hand, lohnt sich noch ein Auf und Ab in der Wasserreihe, die mit ihren schönen Bürgerhäusern bis ins 19. Jahrhundert hinein die „Wasserfront" bildete. Im Haus Nummer 31 lebte Nordfrieslands berühmtester Vertreter der schreibenden Zunft, Theodor Storm, eine ganze Reihe von Jahren. Sie können sein im alten Stil wiederhergerichtetes „Poetenstübchen", in dem immerhin mehr als 20 Novellen entstanden sind, ebenso besichtigen wie Wohnzimmer und Garten, denn das Haus ist heute Sitz der Storm-Gesellschaft und als Museum der Öffentlichkeit zugänglich.

Nach dem Spaziergang verlassen wir den Ort, indem wir den Binnenhafen landseitig umrunden und dann beim „Café Schwermer" in die Hohle Gasse einbiegen. Im Rahmen der Verkehrsberuhigung ist bis zur „Neustadt" ein bemerkenswertes System von Einbahnstraßen entstanden, doch Verkehrsschilder leiten uns sicher bis an eine große Ampelkreuzung, wo wir uns links in Richtung Nordstrand einordnen − wer's eilig hat, mag einfach geradeaus weiterfahren. Wir kommen bei der Wahl der ersten Route nach einigen Kilometern in den sehr reizvoll gelegenen „Vorort" Schobüll, der eine geologische Besonderheit zu bieten hat: Wir befinden uns hier an der einzigen Stelle der nordfriesischen Festlandsküste, wo die eiszeitliche Geest bis an das Wattenufer vordringt. Von sozusagen höherer Warte aus ist es daher möglich, einen weiten Blick übers Watt bis zur „Insel" Nordstrand zu werfen, ohne daß ein 7-m-Deich die Aussicht versperrt. Allerdings hat das Fehlen eines Deichs auch Nachteile, wie die Bewohner des seeseitig der Straße gelegenen Campingplatzes erst bei der Sommersturmflut am 20. August 1990 erfahren mußten, als die Wohnwagen in den Fluten herumschwammen.

Kurz vor dem Erreichen des Nordstrand-Dammes biegen wir rechts ab (Schild: Wobbenbüll) und halten uns am Ende der Dorfstraße wiederum rechts, um bei Hattstedt auf die B 5 zurückzukehren. Immer parallel zur östlich verlaufenden Bahnlinie durchfahren wir die Hattstedter Marsch, die sich weit ins Landesinnere erstreckt und bereits im 15. Jahrhundert eingedeicht wurde. Beachten Sie die „Windschur" an den Bäumen, die hier besonders ungeschützt der Kraft des Windes ausgesetzt sind. Schließlich überqueren wir die Arlau, einen jener „bedeutsamen Flüsse" Nordfrieslands, der das Regenwasser der höhergelegenen Geest zur offenen See befördert. Lachen Sie nicht, denn dieses harmlose Flüßchen verwandelte sich in früheren Zeiten nur allzuoft in eine quadratkilometergroße Über-

71

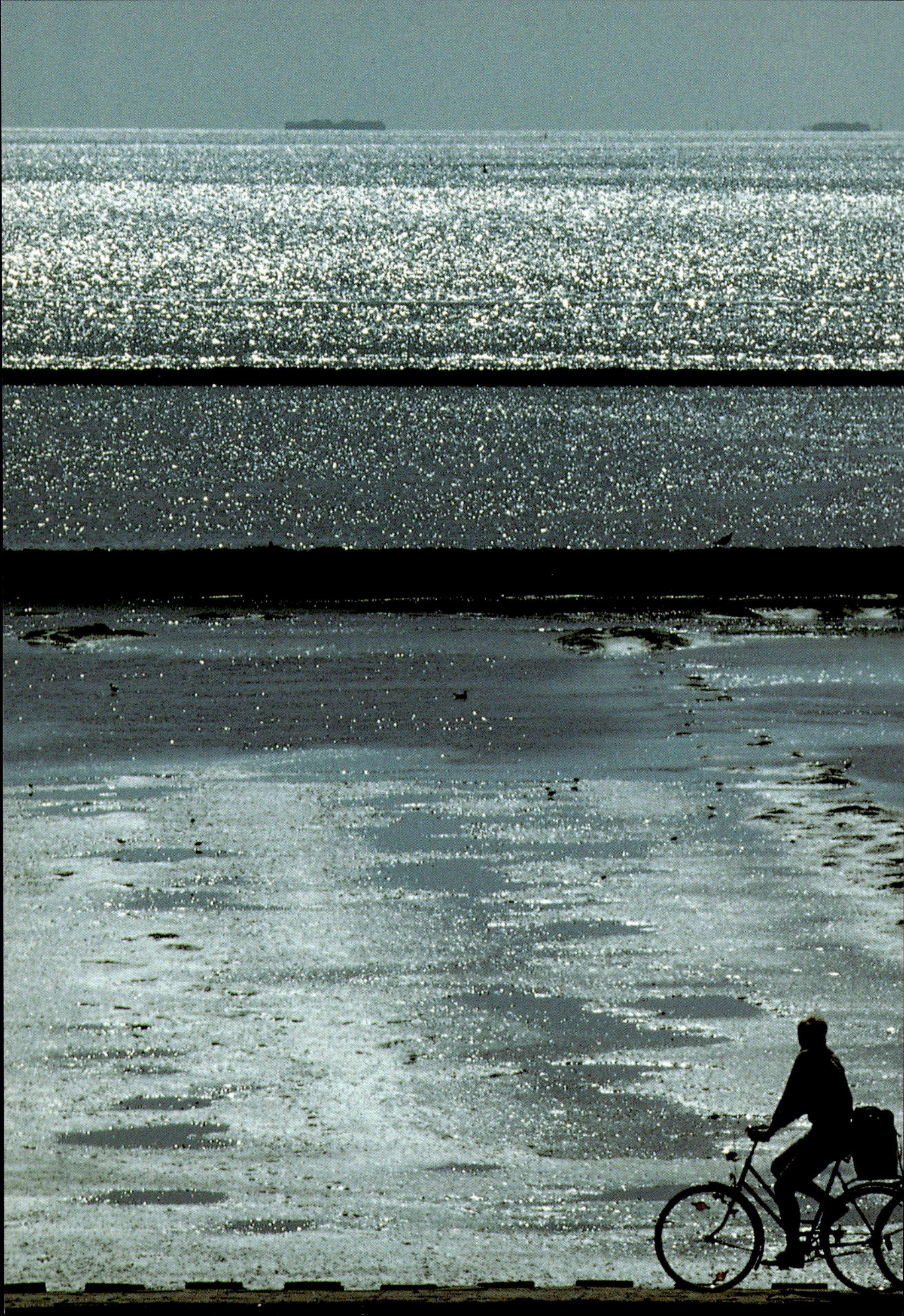

Ein Blick über den Deich bei Schlüttsiel zeigt die Bemühungen der Küstenschützer, den scharliegenden Deich, d. h. den Deich ohne schützendes Vorland, vor drohender Erosion zu schützen. Durch Buschlahnungen und Grüppen soll die Anlandung gefördert werden. Im Hintergrund sind – in 18 Kilometern Entfernung – die Warften der Hallig Hooge zu erkennen.

schwemmung, wenn sich das Wasser bei Sturmfluten hinter dem Deich zu stauen begann, weil es aufgrund des hohen Meerwasserstandes nicht mehr abfließen konnte. „Wenn wir nicht im Salzwasser ersaufen, ertrinken wir im Süßwasser", ist ein gängiger Spruch an der Küste, der natürlich auf Plattdeutsch erheblich besser klingt.

Erst bei Struckum stoßen wir wieder auf die höhere Geest und sollten, wenn's gewünscht wird, an der Bushaltestelle im Zentrum mal kurz links einbiegen, um das Wahrzeichen des Ortes, eine Mühle namens Fortuna, zu bestaunen.

Wieder auf die B 5 zurückgekehrt, erreichen wir über Breklum den nächsten Stopp unserer Reise: Bredstedt. Auch wenn die Hinweise auf das „pulsierende Herz Nordfrieslands" an den Ortseingangsschildern in jüngster Zeit wieder verschwunden sind, so kann man durchaus sagen, daß in der immerhin sechstgrößten Stadt Nordfrieslands einiges los ist — wie es sich für einen zentralen Ort im ländlichen Raum eben gehört. Jedenfalls gibt es nirgendwo im Umkreis von 15 km so viel Leben wie hier, und das nicht nur an den „Markttagen" im August, sondern auch beim „Kinderfest mit tausend Luftballons" oder dem Jahrmarkt im Mai und September. Alle diese Festivitäten finden auf dem großen dreieckigen Marktplatz statt, der in den zurückliegenden Jahren durch Restaurierungsarbeiten noch gewonnen hat.

Als ein zentraler Ort ganz anderer Art hat sich das „Naturzentrum Nordfriesland" entwickelt, das an der B-5-Ortsumgehung direkt gegenüber dem Bahnhof zu finden ist. In wirklich einmaliger Manier wurde hier seit 1975 unter Federführung von Walter Fiedler und vornehmlich in Zusammenarbeit mit Schulklassen und interessierten Kindern und Jugendlichen ein naturkundliches Infozentrum „mit Herz und Verstand" geschaffen, das neben seinen Ausstellungsräumen mit wahrhaft künstlerisch gestalteten Dioramen (Landschaftsmodellen) samt Spezialeffekten ein reiches Angebot an Vorträgen und Exkursionen offeriert, die keine Wünsche offenlassen. Zum Beispiel bekommen Sie hier Informationen über unseren nächsten Stopp, den nördlich Bredstedts gelegenen 43 m hohen Stollberg, einen der höchsten „Berge" Nordfrieslands, der für Kenner weit mehr als nur den grandiosen Blick über die Halligwelt zu bieten hat. So befinden sich hier — etwa 1 km hinter dem höchsten Punkt beginnend — die durch Wanderwege erschlossenen Heidegebiete Langenhorns und Bordelums, die zu den schönsten des Kreisgebietes gehören und botanisch manche Besonderheit aufweisen.

Wir fahren heute nur bis zum „Gipfel" und biegen beim Sendemast links ein. Wenn Sie sich an der nächsten Kreuzung links halten, dann wieder rechts, kommen Sie an der Bordelumer Kirche vorbei zur Hauptstraße, in die Sie rechts einbiegen, um nach Ockholm/Schlüttsiel zu gelangen. Letzter Geestort ist Sterdebüll, dann geht's hinaus in die Marsch. Die Straße führt auf einem Deich entlang und ermöglicht weite Ausblicke.

Achten Sie kurz vor Ockholm auf den besonders schönen Hof Peterswarft links der Straße, direkt hinter der Einmündung der von Süden kommenden Koogstraße, der auf einer Warft steht. Das hat natürlich seinen Grund: Ockholm, heute gut 1 km binnendeichs gelegen, ist bis zu seiner Bedeichung um die Mitte des 16. Jahrhunderts unbedeichtes Halligland gewesen, wurde also bei jeder höheren Flut vom Meer vereinnahmt. Leider war damit auch nach der Erstbedeichung nicht Schluß, wie die tiefen Wehlen, das sind bei Deichbrüchen leeseitig entstandene Strudellöcher des einströmenden Wassers, am südlichen Außendeich beweisen.

Bis 1990 zählte der nur 1,5 km messende Seedeich-Abschnitt des Ockholmer Kooges zu den besonders gefährdeten Deichstrecken an der nordfriesischen Festlandsküste. Erst mit der neugebauten zweiten Deichlinie änderte sich dies. Schauen Sie nur einmal bei einem der ersten Parkplätze im Hauke-Haien-Koog über den Deich, dann sehen Sie nicht nur die neue Deichlinie, sondern auch − ca. 3,5 km von Ihnen entfernt − die mit gerade noch 3,5 ha Fläche kleinste Hallig, Habel, die bereits in den fünfziger Jahren von den Elementen verschluckt worden wäre, hätte man sie nicht ebenfalls mit einem schützenden Steinkranz umgeben.

Der erst in den Jahren 1958/59 eingedeichte Hauke-Haien-Koog gilt als ältestes Beispiel für eine Eindeichung „im modernen Stil", die nicht vornehmlich dem Neuerwerb landwirtschaftlicher Nutzfläche dient, sondern in erster Linie wasserwirtschaftliche Probleme lösen will, was sich erfreulicherweise mit den Zielen des Naturschutzes recht gut verbinden läßt. Da die Wasserscheide in Schleswig-Holstein sehr weit östlich liegt, wird ein Niederschlagsgebiet von 720 km² über das Deichsiel im Hauke-Haien-Koog entwässert. Damit erklären sich die Wasserflächen, die nichts anderes sind als Speicherbecken (und Vogel-Dorados), um die von Land kommenden Süßwassermassen auch bei Sturmfluten „unterzubringen".

Es kann nur empfohlen werden, den Wagen auf einem der Parkplätze in Schlüttsiel abzustellen und sich einen kleinen „Überblick" jenseits des Deiches zu verschaffen, denn Schlüttsiel ist das „Tor zu den Halligen". Sommertags startet hier nicht nur die offizielle Fähre „Amrum", sondern

Ein später Hochsommernachmittag an der grünen Küste bei Dagebüll: Die meisten Gäste haben die Badestelle bereits verlassen, und die Strandkörbe präsentieren sich — gegen unbefugte Nutzung — verschlossen.

es laden auch zahlreiche Ausflugsschiffe zu einer Exkursion in die Hallig-welt ein. Planen Sie ein Wiederkommen nach Einsichtnahme der Fahr-pläne unbedingt ein!

Nach dem Verlassen des Hauke-Haien-Kooges erreichen wir nach 3 km die Kreuzung, die alle Eiligen nach rechts — gen Niebüll — treiben wird, uns aber noch einen kurzen Abstecher nach Dagebüll gestattet. Nur 1 km weit ist es bis zum dortigen Fährhafen, der Verbindung zu den Inseln Föhr und Amrum, und zur links der Hafenanlage gelegenen Badestelle, die — zumindest bei Hochwasser — ausreichend kühles Naß zur Regeneration an warmen Sommertagen bietet. Unser Fahrtziel Niebüll ist von hier aus nur noch eine Viertelstunde entfernt und lockt den Interessierten vornehm-lich durch sein Angebot an Museen und Einkaufsmöglichkeiten.

Der Landschaftswandel in den flachen Marschen zwischen Husum und Friedrichstadt liefert ein beeindruckendes Exempel, wie sehr die Friesen bei ihrem immerwährenden Kampf gegen die anstürmende See das ursprüngliche Bild der Küste veränderten. „Gott schuf das Meer, der Friese die Küste", ist eine gängige Redensart in der Landschaft nördlich der Eider, die wir bei einer Umrundung der „Südermarsch" nebst angrenzender Köge besser verstehen werden.

Wie sah sie denn ursprünglich aus, die Landschaft vor der Geest? Infolge des nacheiszeitlich ansteigenden Meeresspiegels   wurde die weiter südlich gelegene Dithmarscher Geest vom Meer angenagt, und das abbrechende Material wurde als Dünenhaken über Lunden und Witzwort bis in den Bereich des heutigen Nordstrand in nahezu gerader Linie vorgelagert. Gleichzeitig fand das von der Geest herabfließende Wasser nur noch erschwert Zugang zur offenen See, so daß sich umfangreiche Moore bildeten, die den westlichen Teil Eiderstedts mit dem Festland verbanden. Durch die Sturmflut von 1362 veränderte sich die Situation schlagartig: Zwischen Nordstrand und Eiderstedt brach die Hever durch den Dünenhaken, ließ, wie erwähnt, Husum zu einer Hafenstadt werden und überströmte das Gebiet östlich der heutigen Ortschaften Uelvesbüll, Witzwort und Koldenbüttel bis an den Rand der Geest. Was lag näher für die Bewohner der Geestorte zwischen Rödemis und Wisch, als ihr flaches Land vor dem Zugriff des Meeres zu schützen — zumal dieses ehemals öde Moorland durch die vom Meer herangetragene Sedimentfracht plötzlich zu reichem Ackergrund geworden war! Nachdem von der Seite Eiderstedts her bereits um 1400 der Dingsbüllkoog zur Verengung des Wasserlaufs beigetragen hatte, wurde 1468 der Deichschluß der Südermarsch gefeiert, ein für damalige Verhältnisse großer Erfolg der Deichbaukunst. Aber Eiderstedt war immer noch eine Insel. Erst 1489, vor nunmehr über 500 Jahren, gelang die Abdämmung des immer noch 1,5−2 km breiten Wasserarmes zwischen Festland und Eiderstedt in der Höhe des heutigen Nobiskrug. Der berühmte Dammkoog war entstanden, und Eiderstedt war landfest geworden, weitere Köge nördlich und südlich ließen das ehemals amphibische Gebiet zur landwirtschaftlichen Nutzfläche werden. Zwar kam es auch bei den großen Sturmfluten der folgenden Jahrhunderte zu Deichbrüchen und großräumigen Überflutungen, weitere Vordeichungen und

Auf unserer Radtour
von Husum nach
Friedrichstadt berüh-
ren wir auch die öst-
lichste Gemeinde
Eiderstedts, Kolden-
büttel. Vorbei an der
hübschen Anlage der
St.-Leonhard-Kirche,
die wie die meisten
nordfriesischen Got-
teshäuser aus der
Zeit um 1200
stammt, radeln wir
hinab in die Marsch.

Deicherhöhungen jedoch scheinen die Situation bis zum heutigen Tag zugunsten des Menschen entschieden zu haben.

Unsere Radtour beginnt an der Eisenbahnunterführung westlich des Husumer Bahnhofs. Wir radeln die Wilhelmstraße entlang bis zum südlichen Ortsende und verlassen diese unmittelbar vor der alten Tankstelle nach links, um auf dem Lagedeich (Hinweisschild) weiterzufahren. Dieser Deich (eher ein Erdwall) bildet die landwärtige Umrandung der Südermarsch und mußte im letzten Drittel des 16. Jahrhunderts aufgehäuft werden, da das von der Geest herabfließende Süßwasser ständig das neubedeichte Marschland überflutete. An der Stelle, wo der Lagedeich von Eisenbahn und neuer Umgehungsstraße gekreuzt wird, biegen wir nach Süden ab, überqueren die Bahnlinie bei nächster Gelegenheit (Hinweisschild: Südermarsch) und radeln geradewegs auf Rantrum zu, vor dessen Ortsrand wir wieder auf den Deich treffen. Der Ort hat das typische Antlitz eines nordfriesischen Geestrandortes. Wir folgen dem Lagedeich (Schilder: Schwabstedt), bis wir die Geest bei Wisch erklimmen. Dort oben stoßen wir auf eine Hauptstraße, auf der wir rechts herum gleich wieder in den Schwabstedter Westerkoog hinabradeln. Tip: Halten Sie sich an der Hauptstraße links, kommen Sie nach gut 2 km in den sehr idyllisch an einer Treeneschleife gelegenen Ort Schwabstedt (nettes Café und Badestelle). Will man nicht nach Wisch zurückfahren, kommt man von hier aus über das südlich gelegene Seeth zu unserem nächsten Fahrtziel Friedrichstadt.

Aber zurück in das moorige Land des Schwabstedter Westerkooges: Die Straße wird immer schmaler. Wir überqueren einen Deich, dann einen schnurgerade nach Süden zu einer gut sichtbaren Schleuse im Treenedeich führenden Wasserlauf. Im Gegensatz zur gesamten übrigen Südermarsch wird dieser durch Torfabbau sehr niedrig gelegene Teil in die Treene entwässert, während der Strom des Wassers im übrigen Koog zum Schöpfwerk Halbmond im Westen Husums führt (wir kommen noch dorthin). Nach Querung eines weiteren Deiches folgen wir dem Weg in Richtung Süden und halten uns an der Hauptstraße rechts. Nach gut 4 km erreichen wir Koldenbüttel. Gleich nach Querung der Bahnlinie führt der Treenedeich links ab nach Friedrichstadt. Nicht nur für Leute mit Kaffeedurst lohnt sich der Abstecher von 2 km in das Zentrum des Holländerstädtchens . Um vom dortigen Marktplatz nach Koldenbüttel zurückzufinden, radeln Sie über die Prinzeßstraße und den Fürstenburgwall bis über die Bahnlinie, dann folgen Sie der Radlerausschilderung rechts herum nach Husum.

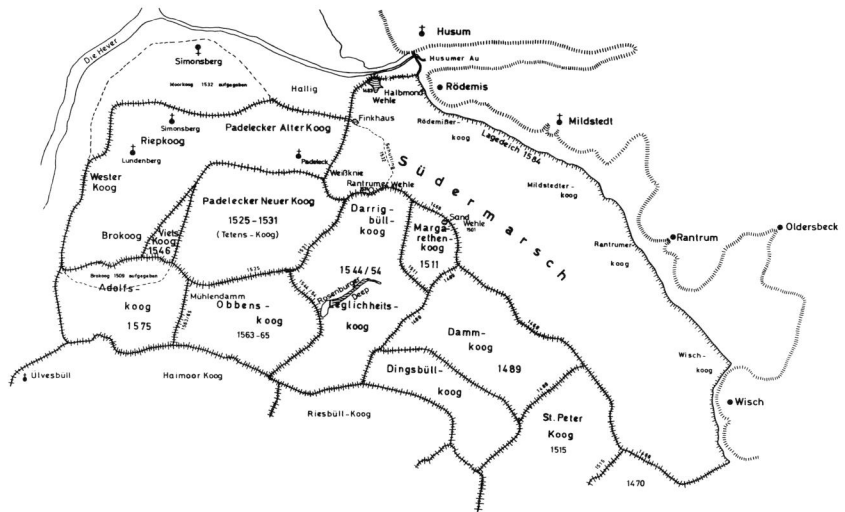

Die Husumer Süder-
marsch Anfang 1600;
aus: Werner Kram-
beck (1973): Die
Husumer Südmarsch.
Bredstedt.

Als moderne Wahr-
zeichen Husums gel-
ten die Getreidesilos
der Firma Thordsen
sowie die Eisenbahn-
zugbrücke, die die
weitere Nutzung des
Binnenhafens ermög-
lichte.

Wir sind nun in einer der „nassesten Ecken" unserer Tour, denn bis hierher drang die Hever im Jahre 1362 vor, nachdem sie westlich Husums den Dünenwall durchbrochen hatte. Überhaupt war die Gegend immer schon sehr amphibisch gewesen, da es bereits um das Jahr 1000 neben Eider und Treene noch zwei weitere Flußläufe, zahlreiche Priele und Niederungen gab, die die Landschaft unwegsam machten. Gefährlich aber wurde es erst nach dem Einbruch des Meeres. Es ist daher in ganz Nordfriesland keine andere Stelle mit derartig vielen Warften zu finden. Wir biegen nach der Ankunft in Koldenbüttel links in die Mühlenstraße ein, folgen dieser bis zur nächsten Kreuzung, halten uns, der Ausschilderung nach Platenhörn folgend, rechts und biegen direkt vor der auffällig hübschen Kirchenanlage links in die Marsch ab. „Achter de Kerk" heißt diese Straße, die wir nach kurzer Strecke Richtung Büttel (Hinweisschild) verlassen. Bei unserer Weiterfahrt, dem östlichen Rand des ehemaligen Eiderstedt entgegen (bis zum Bau des Dingsbüllkooges um 1400 vom Riesbüllkoog markiert), sind beiderseits des Weges, besonders aber im Norden zahlreiche Hügel zu sehen, die wie überdimensionale Maulwurfshaufen in der Landschaft stehen — eben jene Warften. Die allermeisten sind heute unbewohnt. Zu den Sturmfluten von 1362 und 1634 kamen Brandschatzungen besonders zur Zeit des Dreißigjährigen Krieges (Besetzung 1627−29) und des Nordischen Krieges (Durchzug von Truppen in den Jahren 1700 und 1713), als zahlreiche Gehöfte in Flammen aufgingen. Nur wenigen Warften wurden danach wieder besiedelt.

Wir folgen immer dem Hauptweg, der sich in Schlangenlinien durch die Landschaft windet, und biegen erst nach 2 km (von der Koldenbütteler Kirche aus gerechnet) nach rechts ab (Schild: 5,5 t). Vor uns taucht der erste Haubarg auf, das charakteristische Haus der Eiderstedter Landschaft. Unmittelbar davor biegen wir links ab und überqueren die B 5, eine vielbefahrene Straße. Bitte Vorsicht! Auf dem Riesbülldeich (Hinweisschild) fahren wir in gleicher Richtung weiter. Nach gut 1 km lockt uns das Schild „Tannenhof", und wir folgen dem Walldeich nach Nordwesten, halten uns bei nächster Gelegenheit (an einer kleinen Brücke) rechts, folgen den Schildern Ingwershörner Deich, dann Westerdeich bis zum Rosenburger Deep, dem Überbleibsel eines ehemaligen Wasserlaufs. Unser Fahrtziel Husum nun deutlich vor Augen, biegen wir 1 km hinter dem Deep rechts in die Dorfstraße (Hinweisschild) ab und erreichen nach 500 m ein Wasserloch rechter Hand der Straße. Kurz dahinter geht es links ab, und wir fahren an zwei weiteren Wehlen vorbei. „Dreisprung" ist der

Name dieses Gebietes, wo es 1718−20 zu verheerenden Deichbrüchen in den südlichen Außendeichen der sogenannten Lundenbergharde kam, die ihren Untergang besiegelten. Wehlen entstehen, wenn das binnendeichs hinabstürzende Wasser Strudellöcher bildet, die spielend bis zu 10 m Tiefe erreichen können. Über Jahrhunderte bleiben diese in der Landschaft erhalten und zeigen dem Betrachter, wie an so vielen Stellen Nordfrieslands, den Ort einer Katastrophe.

Hinter einer kleinen Brücke fahren wir links in Richtung Schöpfwerk auf den Deich hinauf, verlassen diesen aber in der nächsten Linkskurve wieder und radeln gleich rechts den schmalen Weg Husum entgegen.

Bevor wir's vergessen: In Höhe der Husumer Schiffswerft kommen wir an der Halbmondwehle vorbei, die 1483 durch den Bruch des Südermarschdeiches entstand. Das gleichnamige Schöpfwerk übrigens transportiert das Wasser heute in entgegengesetzte Richtung.

Auch unsere zweite Tour ab Husum beginnt an der Eisenbahnüberführung 200 m westlich des Hauptbahnhofs: Wir biegen gleich von der lauten Hauptstraße rechts in die Simonsberger Straße ein und folgen dem Radweg durch die Südermarsch. Kurzer Abstecher in den Außenhafen gewünscht? Dann folgen Sie mir nach 200 m rechts über den Deich bis heran an die Pier. Mit etwas Glück werden Sie im rechten Teil des Hafens einige Boote der Husumer Krabbenkutterflotte entdecken, sofern nicht gerade alle Schiffe zum Fang ausgefahren sind. Neben „Husumer Krabben" werden hauptsächlich Plattfische angelandet: Steinbutt, Seezungen, Schollen, Kliesche, Doggerscharben und Flundern. Letztere sehen auf den ersten Blick wie Schollen aus, schmecken aber nicht so gut! Trotzdem werden sie gutgläubigen Touristen gerne als „Sandschollen" angeboten, und das „panierte Schollenfilet" verrät seine Herkunft gar nicht mehr. Erkennungsmerkmal der Scholle sind die rotgoldenen Pigmentflecken auf der graubraunen Rückenseite; der Fisch wird deshalb häufig auch als Goldbutt bezeichnet. Sie sehen, allein die „Plattfischkunde" ist eine Wissenschaft für sich.

Zur Simonsberger Straße zurückgekehrt, kommen wir am Betriebsgelände der Husumer Schiffswerft vorbei, die mit fast 400 Beschäftigten ein wichtiger Arbeitgeber in der Region ist. Die Werft macht seit einigen Jahren von sich reden, da sie sich in Reaktion auf die allgemeine Baisse im Schiffbau der Entwicklung und dem Bau von Windkraftanlagen verschrieben hat. Links und rechts unseres Weges sehen Sie einige Produkte: Die Bezeichnung HSW 250 zeigt an, daß es sich um eine 250-Kilowatt-Anlage der Husumer Schiffswerft handelt. Sie werden derlei Windrotoren noch an diversen Stellen im Kreisgebiet finden.

Größtes gegenwärtiges HSW-Projekt ist der im Jahre 1990 im Friedrich-Wilhelm-Lübke-Koog eingerichtete „Nordfriesland Windpark", in dem allein 35 Windkraftanlagen des Typs HSW 250 hinter dem Außendeich stehen. Legt man die durchschnittliche jährliche Windgeschwindigkeit von 6 m/s zugrunde, dann werden pro Jahr etwa 18,9 Millionen Kilowattstunden erzeugt; rund 6 500 Haushalte können damit versorgt werden.

Wir allerdings müssen für unsere weitere Strecke die Muskelenergie selbst erzeugen. Vorbei an der Halbmondwehle (Deichbruch im Jahre 1483) erreichen wir die Deichdurchfahrt zum Finkhaushalligkoog. Dieser wurde erst 1936 eingedeicht und stellt zusammen mit dem westlich anschließenden Simonsberger Koog insofern eine Art wiedergewonnenes Festland dar, als sich bis ins 18. Jahrhundert hinein von hier bis zum Heverstrom die Lundenbergharde erstreckte. Zahlreiche Überreste dieses im Bereich des heutigen Wattengebiets Lundenberger Sand gelegenen Kirchspiels wurden in den zurückliegenden Jahrzehnten geborgen und in einem Raum des Husumer Nissenhauses ausgestellt. Ein Besuch sei als Vorbereitung auf diese Tour angeraten!

Wir gewinnen einen Blick über die untergegangenen Ländereien, wenn Sie mir kurz hinter der Deichdurchfahrt in den Rieke Reech (Hinweisschild) bis zum Außendeich folgen. Oben angekommen, halten wir uns links, queren eine Schafspforte – diese müssen grundsätzlich wieder geschlossen werden, die Bauweise hilft dabei – und bleiben anschließend auf dem *oberen* Asphaltweg, da wir sonst an der Mündung der Mühlenau in eine Sackgasse geraten.

Je weiter wir nun dem Deich in Richtung Westen folgen, desto weiter wird der Blick über die Lahnungsfelder zum Lundenbergsand, zur Hever und nach Nordstrand. Leicht einzusehen, daß das Wattengebiet bei Hochwasser landunter geht, denn der Tidenhub beträgt in dieser tiefen Bucht mehr als 3,5 m und erreicht damit den höchsten Wert im Kreisgebiet Nordfriesland.

Wir bleiben genau 4 km auf dem Weg am seeseitigen Deichfuß, trainieren unsere Armmuskeln beim Queren von Weidezäunen, radeln an der Badestelle beim Schöpfwerk Finkhaushalligkoog vorbei (bei Niedrigwasser gut begehbares Watt, aber nicht mehr als 200 m vom Ufer entfernen!) und kehren knapp 800 m weiter hinter den Deich zurück.

Wir lassen die Anlage des Hotels Lundenbergsand rechts liegen und durchradeln den Simonsberger Koog auf dem Meierweg (Hinweisschild). Der Ort Simonsberg zeigt ein wahrhaft eindrucksvolles Bild: Wir erreichen den Norderdeich des Adolfskooges (ehemals Außendeich!) und blicken von oben auf die doppelzeilige Häuserreihe Simonsbergs hinab, die sich links und rechts über 2 km hinzieht. Anschließend halten wir uns rechts, und es ist Ihre Entscheidung, ob Sie auf dem Deich oder „durch das Dorf" nach Westen radeln. Am Außendeich angelangt, bleiben wir am landseitigen Deichfuß und halten uns links, bis wir die Hütte des Vogelwarts an den Westerspätingen erreichen.

Der Adolfskoog erhielt seinen Namen von Herzog Adolf zu Schleswig-Holstein-Gottorf (1526–1586), auf dessen Betreiben der Koog 1575–79 dem Meer abgerungen wurde. Die „Spätinge" Eiderstedts stammen alle-

89

samt aus der Zeit vor 1600, als das schwere Kleimaterial zum Bau der Deiche noch per Hand herangeschafft werden mußte. Erst nach „Erfindung"
der Schubkarre, besser gesagt, nach deren Einführung durch einen holländischen Spezialisten, der wegen dieser bahnbrechenden Neuerung den
Spitznamen „Rollwagen" erhielt, konnten es sich die Deichbauer leisten,
den erforderlichen Klei auch von weiter her heranzufahren. Die Zeit der
„Spätinge" war vorbei, obwohl sie noch bis heute als meist etwas läng-
liche Wasserflächen in unmittelbarer Deichnähe zum Landschaftsbild
gehören.

Das etwa 27 ha große Feuchtgebiet Westerspätinge wurde 1978 vornehmlich wegen seiner ornithologischen Bedeutung zum Naturschutzgebiet
erklärt. Der zwischen April und Oktober eingesetzte ehrenamtliche Vogelwart des „Deutschen Bundes für Vogelschutz" (DBV) „bewacht" nicht
nur das Gebiet, er führt auch regelmäßige Bestandsaufnahmen durch und
bietet täglich Führungen an. Auch Ihnen wird er gerne sagen, von wo aus
Sie die Vogelwelt am besten beobachten können und welche aktuellen
Besonderheiten es gibt.

Bei der Weiterfahrt bleiben wir auf dem gleichen Weg und überqueren
bald den Deich zum mit 105 ha kleinsten nach dem Ersten Weltkrieg
bedeichten Koog Nordfrieslands, dem 1935 geschaffenen Uelvesbüller
Koog. In der Orkannacht vom 16. auf den 17. Februar 1962 brach hier der
Deich im Südwesten auf einer Breite von 80 m, und der Koog wurde in
Minutenfrist vom Meer überflutet. Glücklicherweise konnten die Stöpen,
die Deichdurchlässe bei Porrendeich und der Kirche rechtzeitig geschlossen werden, sonst hätte das bis zu 1,7 m hoch stehende Wasser auch die
Nachbarköge betroffen. 200 Schweine und 35 Schafe ertranken in den Fluten, nur die Menschen hatten sich in letzter Minute nach Uelvesbüll retten
können. An der Durchbruchstelle (die wir auf unserer Tour nicht erreichen) entstand durch das leeseitig über den Deich stürzende Wasser eine
Wehle von 7 m Tiefe.

Genau 1 km nachdem wir den Uelvesbüller Koog erreicht haben, biegen
wir links ab und radeln in Richtung des berühmten Porrendeichs, durchqueren die Stöpe, wo doppelte Bohlenwände mit Sandsäcken dazwischen
1962 die Fluten im Zaum hielten, und radeln auf und neben dem Deich
weiter. Auch der Porrendeich brach vor dem Bau des Adolfskoogs mehrere
Male, allerdings liegen diese Katastrophen schon weit über 400 Jahre
zurück. Zwei eindrucksvolle Wehlen, heute idyllisch mit Schilf bewach-
sen, bezeugen dies. Auch der anschließend im Bogen herumgebaute Deich

zeigt dem Kenner schon aus der Entfernung, daß hier etwas passiert sein muß. Sie sehen die Wehlen, wenn Sie nach gut 500 m dem Schild Buernweg (auf dem Schild falsch geschrieben) rechts über den Deich folgen. An der Kreuzung 1 km weiter halten wir uns wiederum rechts und anschließend an die Ausschilderung Richtung Oldenswort, dessen Kirche schon aus großer Entfernung sichtbar ist.

Oldenswort ist die Hauptkirchspielgemeinde und das größte Dorf im Osten der Halbinsel. Die spätromanische St.-Pankratius-Kirche wurde erst Anfang der achtziger Jahre restauriert, wobei alte Gewölbemalereien aus dem 15. Jahrhundert entdeckt und freigelegt wurden. An der Kreuzung im Ortszentrum folgen wir dem Schild „Dorfstraße" nach links. Es ist gleich, ob wir dem Linksabbieger nach einem, zwei oder drei weiteren Kilometern nach Witzwort folgen: Wir werden es nicht versäumen, den langgestreckten Ort mit dem seltsamen Namen zu besuchen. Leider hat man für den ersten Teil des Namens bis heute keine schlüssige Erklärung gefunden, das -wort jedoch kommt von „Wurt", ein anderer Ausdruck für „Warft". Auf einer solchen steht zum Beispiel die Kirche, an der wir links vorbeifahren.

Auf der Weiterfahrt nach Norden stoßen wir auf Flurbezeichnungen wie „Sandhak" oder „Sandkrug", die in der Marschlandschaft Eiderstedts ungewöhnlich sind. Nun, es gibt eine geologische Ursache dafür: Während des bereits sehr hoch stehenden Meeresspiegels um 2000−1500 vor der Zeitenwende wurde der von hier gut 25 km entfernte Heider Geestkern vom Meer angenagt und das abbrechende Material von einer nach Norden gerichteten Strömung über Lunden, Witzwort und Simonsberg bis nach Nordstrand verdriftet. Dieser sogenannte Witzworter Strandwall liegt noch heute unter nur gering mächtigen Marschenablagerungen begraben, er wurde sogar für Bauzwecke abgegraben. Die Bauern der Gegend sind gar nicht begeistert, denn ihr Boden erreicht nicht die Güte wie in der übrigen Landschaft Eiderstedts.

Beim Sandkrug macht die Straße einen Rechtsbogen, dem wir folgen. Nach Westen (also links) schließt sich der bereits bekannte Porrendeich an, wir aber wollen den „Roten Haubarg" (Hinweisschild) besuchen. Dieser beschert uns zunächst einmal eine handfeste Überraschung, denn er ist knallweiß! Verschwenden Sie nicht Ihre Zeit mit eigenen Mutmaßungen − es gibt sehr viele, nachzulesen in der informativen Schrift „Der Rote Haubarg", im Hause erhältlich −, denn selbst Fachleute sind uneins. Der noch plausibelste Deutungsversuch dieses jahrhundertealten Namens geht von

Das betont tief her-
untergezogene Reet-
dach alter Haubarge
verlangt die Kon-
struktion mehrerer
Giebel, so zum Bei-
spiel über der großen
Loo-Tür, durch die
die Erntewagen pro-
blemlos in die
Dreschdiele hinein-
fahren konnten. Man
beachte die kunstvol-
len Mauerverzierun-
gen dieses vorbildlich
restaurierten Hau-
bargs bei Tetenbüll.

einer ehemaligen Hartbedachung mit rotgebrannten Ziegeln aus, was diesen Haubarg von allen anderen unterschied.

Vielleicht sind Ihnen bei der Anfahrt die zahlreichen kleinen Schildchen an den Weidengattern aufgefallen: Asmussen-Woldsensches Vermächtnis. Nun, es waren Catharina Asmussen und August Woldsen, die den Haubarg samt umgebenden Ländereien sowie eine nicht unbeträchtliche Geldsumme, wie schon erwähnt, im Jahre 1859 der Stadt Husum stifteten. Im Jahre 1983 wurden Haus und Gelände in Erbpacht auf die Kulturstiftung des Kreises Nordfriesland übertragen, die das Anwesen seit 1986 als Museum und Gaststätte betreut. Nach einem Museumsbesuch, der den aufmerksamen Besucher nicht nur mit alteiderstedtischer Landwirtschaft, sondern auch mit wunderbaren Einblicken in die Innenarchitektur eines Haubargs bereichert, kann man die Strapazen der zurückliegenden Tour bei Kaffee und Kuchen noch einmal gemütlich an sich vorbeiziehen lassen.

Die Rückkehr ins nur 7 km entfernte Husum darf ich Ihrer eigenen Initiative überlassen.

Die Landschaft Utholm, ganz im Westen Eiderstedts gelegen, hat eine bewegte Geschichte hinter sich. Als exponierter Punkt war sie der Demontage durch das Meer in ganz besonderer Weise ausgesetzt. Zwar sind die Anfänge ihrer Besiedlung und die landschaftlichen Zustände zwischen dem 11. und 13. Jahrhundert kaum bekannt, doch die Isolation dieses Landstrichs ist leicht zu erklären: Eiderstedt war, wie wir bereits auf unserer ersten Tour erkannt haben, wegen der ausgedehnten Moorgebiete am Fuße der Festlandsgeest auf dem Landwege immer schwer erreichbar. Bis ins 15. Jahrhundert hinein bestand die Halbinsel aus drei Inseln, die erst durch mühsame Zusammendeichungen zum heutigen Eiderstedt verschmolzen: Die Insel Everschop (in alten Karten auch: Heverschop) machte dabei den nördlichen Teil aus, die Insel Eiderstedt lag südlich davon am Ufer der Eider, und Utholm bildete den Vorposten im Westen. Schenkt man der Mejer'schen Karte „biß an das Jahr 1240" zumindest ein wenig Glauben, so erkennt man westlich Utholms gar noch ein weiteres Inselgebilde namens „Süderstrand", das Pendant zum weiter nördlich gelegenen „Nortstrand". Die zunächst unbedeichte Halliglandschaft Utholms wurde, das ist gewiß, mehrere Male vollständig vom Meer überflutet. Zu einem unbestimmten Datum erfolgten sogar zwei dauerhafte Durchbrüche. Von der heutigen Tümlauer Bucht ausgehend, brach die „Süderhever" durch den Strandwall zwischen Tating und Garding und mündete schließlich beim heutigen Ort Vollerwiek in die Eider. In Norden machte das „Fallstief" — ebenfalls von der Tümlauer Bucht ausgehend — mit seinem Durchbruch zur Hever die Landschaft um Westerhever zu einer zweiten Insel namens Utholm. Auf einer Radtour von St. Peter-Bad zum Leuchtturm Westerheversand wollen wir diese Landschaft und ihre Orte näher kennenlernen.

Die Tour beginnt direkt vor der Buchhandlung Miessner am Strandübergang von St. Peter-Bad. Die Entwicklung St. Peter-Ordings zum größten Seebad an der nordfriesischen Festlandsküste war aufgrund des ebenfalls größten, 12 km langen und bis zu 1,5 km breiten Badestrandes vorgezeichnet. Wegen der lange Zeit unzureichenden Verkehrsanbindung — erst im Jahre 1887 bekam die Bahnstrecke von Husum nach Tönning durch den Bau der Marschenbahn Anschluß nach Hamburg, und erst 1892 wurde es möglich, per Bahn zumindest bis nach Garding vorzustoßen — wurden die ersten Badekarren erst in den sechziger Jahren des 19. Jahrhunderts aufgestellt, als andere Nord- und Ostseebäder bereits florierten: So wurde Bad Doberan bereits 1793 gegründet, schon 1797 gefolgt von Norderney, 1801 von Travemünde und 1816 von Cuxhaven. Das älteste Bad Nordfrieslands ist Wyk auf Föhr (1819).

Ebenso wie am Strand von Sylt und an den nordfriesischen Außensänden herrscht auf den breiten Sandbänken St. Peter-Ordings eine ausgesprochene Dynamik: Die Dünen, die ehemals erheblich weiter westlich lagen und umfangreicher waren, begruben auf ihrer Wanderung gen Osten alles unter sich. Ein Beispiel ist die im Jahre 1724 erbaute kleine Kirche in Ording, deren älteste Vorgängerin ursprünglich 1,5 km weiter westlich lag. Nach deren Zerstörung durch die See wurde auf halber Strecke zum heutigen Standort eine weitere Kirche errichtet, die nur bis ins 18. Jahrhundert Bestand hatte. So ist die heutige Kirche also die dritte; die Innenausstattung stammt teilweise aus früheren Zeiten. Andererseits überflutete das Meer auch das ungeschützte Hinterland, wie im Jahre 1825 geschehen. Noch heute ist der Dünenzug zwischen Ording und St. Peter-Bad das einzige nicht durch Deiche geschützte Küstenstück in Eiderstedt.

Um dem ungehinderten Wandern der Dünen Einhalt zu gebieten, wurden bereits in den Anfangsjahren des Bades die landschafts-untypischen Waldungen angelegt, die das Antlitz des Seebades bis heute mitbestimmen.

Wir verlassen den Trubel im heutigen Zentrum St. Peters und radeln zunächst die Straße „Am Bad", später „Badallee" genannt, hinunter nach St. Peter-Dorf. Um zum sehenswerten Eiderstedter Heimatmuseum zu gelangen, fahren Sie durch die Dorfstraße, dann links in die Olsdorfer Straße hinein. Wie der Name schon sagt, befindet sich in diesem erheblich ruhigeren Teil St. Peters der eigentliche Ortskern, dem erst durch die Gründung des Bades der Rang abgelaufen wurde. Auch wenn Sie das Museumsinnere nicht besichtigen wollen, sollten Sie zumindest einen kurzen Blick auf die kunst- und liebevoll gemauerte Fassade des alten Hauses werfen, die auf wenigen Quadratmetern Fläche mehr Geschmack vermittelt als alle bisher gesehenen Neubauten zusammen!

Über die Wittendüner Allee verlassen wir den bebauten Bereich und biegen bei Kilometer 5 unserer Tour nach links in Richtung Flugplatz ab (Hinweisschild). An diesem vorbei erreichen wir die B 202, auf deren Radweg wir rechts in den Ort Tating hineinradeln. Achten Sie bald nach der Ortseinfahrt auf das Hinweisschild auf der rechten Seite: „Café/Conditorei Zum Hochdorfer Garten". Wer jetzt schon schwach wird, mag sich den leiblichen Genüssen hingeben, eigentlich wollen wir aber den Hochdorfer Haubarg besichtigen, der nur ein kleines Stück weiter in einer hübschen öffentlichen Parkanlage liegt. Das prächtige Exemplar alter Baukunst stammt aus dem Jahr 1764. Mit 45 m Länge und 23 m Breite gehörte er einst zu den größten Haubargen Eiderstedts, ist aber nachträglich verkleinert worden.

Es mag dahingestellt sein, ob Tating wirklich das älteste Dorf Eiderstedts ist, sicher ist, daß es zusammen mit Garding zu den ältesten zählt, liegt es doch auf einem vor Jahrtausenden gebildeten Strandwall, der Siedlern frühzeitig die Möglichkeit bot, einigermaßen hochwassergeschützt zu leben. Leider wurde dieser anheimelnde Ort, der bereits im 12. Jahrhundert eine zentrale Funktion in Utholm hatte, Ende des 17. Jahrhunderts, besonders schlimm aber im Jahre 1733 von Brandkatastrophen heimgesucht, wobei letzterer allein 52 Wohnhäuser zum Opfer fielen.

Trotzdem befinden sich auch heute noch mehrere sehr gut erhaltene Haubarge im Gemeindegebiet Tatings, beispielsweise der Hof Hamkens, den wir nach kurzer Weiterfahrt entdecken. Wir radeln zurück auf die B 202, folgen dieser durch den Ort bis zu einer Bushaltestelle (in Fahrtrichtung links) kurz vor dem Ortsausgang. Sie können den 1795 erbauten Hof schon von der Straße aus sehen, aber da wir sowieso dem Schild Richtung Büttel folgen wollen, kommen wir noch näher heran.

Nun schließt sich ein schwierig zu beschreibendes Stück unserer Tour an, also aufgepaßt: Wir lassen den Hof Hamkens rechts liegen und radeln weiter auf dem kleinen landwirtschaftlichen Weg. Bei nächster Gelegenheit halten wir uns dann rechts und verlassen den bebauten Ortsteil. Halblinks voraus ist der 6 km entfernte Leuchtturm Westerheversand zu sehen, halbrechts der Kirchturm von Poppenbüll, unserem nächsten Etappenziel. Wir folgen auch im weiteren immer dieser Straße, die bald eine 90°-Rechtskurve vollführt und 700 m später dann wieder nach links umbiegt. An der nächsten Kreuzung biegen wir rechts ab, dann wieder links. So erreichen wir die Straße, die nach Westerhever führt. Wir aber fahren noch 500 m Richtung Garding, also nach rechts, biegen dann bei nächster Gelegenheit links ein. Geschafft! Wir kommen an der Warft Helmfleeth mit einem großen Haubarg vorbei. Dieser uralte Siedlungsplatz lag ursprünglich als Hallig am breiten Arm der Süderhever, die sich in der Anfangszeit dieses Jahrtausends ihren Weg — wie bereits dargestellt — von der heutigen Tümlauer Bucht bis nach Vollerwiek gebahnt hatte. Nach Angaben des Chronisten Johannes Mejer soll die Eindeichung des St.-Johannes-Kooges, in dem wir uns jetzt befinden, bereits 987 erfolgt sein. Von dort aus konnte

Anfang des 20. Jahr-
hunderts wurden an
der nordfriesischen
Küste mehrere
Leuchttürme errich-
tet, die der Seefahrt
bis heute wertvolle
Signale bei der
Annäherung an die
Küste liefern. Das
Leuchtfeuer Wester-
heversand (im Bild)
sendet sein Licht aus
41 Metern Höhe fast
50 Kilometer weit
hinaus auf die See.

sich die nun entstandene Insel nach allen Seiten durch weitere Deichbauten ausbreiten.

Wir stoßen direkt vor Poppenbüll auf die Hauptstraße, halten uns links und durchradeln den Ort − am Pastorats-Haubarg vorbei − bis zur Kirche, an der wir links einbiegen (Rastplatz). Halbrechts voraus ragt wieder das Dach eines Haubargs aus den umgebenden Bäumen hervor. Die Straße führt in einigen Schlenkern rechts daran vorbei. Hinter der Deichdurchfahrt halten wir uns links, nach 200 m wieder rechts und durchqueren nun den im Jahre 1437 eingedeichten Heverkoog. Dieser hatte in der langen Geschichte der Eiderstedter Bedeichung insofern eine große Bedeutung, als damit das nördliche Utholm wieder an die Noch-Insel Everschop angeschlossen wurde.

Wir fahren die Straße durch den Heverkoog bis zum Ende und folgen der Verbindungsstraße zwischen Oster- und Westerhever gen Westen. Sowohl direkt neben der Straße als auch im nördlich angrenzenden Augustenkoog sind noch eine ganze Reihe weiterer Haubarge zu sehen, wie man es in dieser Konzentration in ganz Eiderstedt sonst nicht mehr findet. Somit erreichen wir also Utholm. Aus der großen Anzahl von Warften, die im Gemeindegebiet von Westerhever heute die Landschaft prägen, wird sichtbar, daß der Ort bis in jüngste Zeit eine gefährdete Lage hatte. Noch bei der Weihnachtssturmflut im Jahre 1717 kam es im Westen zu einem Deichdurchbruch, und auch 1962 mußte die Bevölkerung bangen. Erst 1976−78 kam es dann zu einer Deicherhöhung (heute mißt der Außendeich 7,9 m über Normalnull und gehört zu den höchsten Nordfrieslands), die − nach menschlichem Ermessen − nun erstmals einen verläßlichen Schutz gewährleistet.

Nachdem wir den Ort durchquert haben, radeln wir auf den hübschen Haubarg „Kreuz" auf der Knutzenswarft zu. Kenner sehen bereits an der relativ flachen Dachneigung, daß es sich um einen Haubarg handelt, der noch aus dem 17. Jahrhundert stammt. Heute sind darin auch Ferienwohnungen untergebracht: Was für ein schöner Platz für einen Urlaub!

Wir folgen am „Kreuz" dem Schild nach rechts Richtung Stufhusen. Die alte Warft liegt heute direkt an der Leeseite des monströsen Außendeichs. Sie gilt als besonders gut erhaltenes Beispiel einer Halligwarft, denn nichts anderes als eine Hallig war ja auch − bis um das Jahr 1200? − die Landschaft Utholm. So drängte man sich auf mühsam zusammengeschaufelten Erdhügeln eng zusammen und entnahm das Trinkwasser dem Fething, einer Regenwasserkuhle inmitten der Warft. Dies geschah auf Stufhusen bis zum Jahre 1967, denn erst Ende der Sechziger erreichte die Trinkwasserleitung auch diesen abgelegenen Punkt Nordfrieslands. Der auf der Warft „ansässige" Haubarg übrigens wurde erst 1855 gebaut und verunstaltete das ursprünglich von kleinen Friesenhäusern und Katen geprägte Antlitz der Warft ein wenig. Doch wir wollen nicht unzufrieden sein und erklimmen den hohen Außendeich. Bitte die Schafgatter immer schließen!

Der Blick von der Deichkrone über den weiten Westerheversand hinüber bis zur Hallig Süderoog und über den vorgelagerten, an der Rettungsbake zu erkennenden Süderoogsand ist schon ein Erlebnis für sich. Man versteht, daß der einst so entlegene Ort Westerhever heute zu einem Pflichtprogramm für Nordfriesland-Reisende geworden ist. Das Schönste kommt aber noch! Wir rollen hinunter auf den seeseitigen Deichfuß und fahren nun Richtung Süden. Nach einer kleinen Biegung erwartet uns einer der schönsten Blicke, die Nordfriesland zu bieten hat: In einer weiten Marschlandschaft, im Westen vom weißen Sand umrahmt, steht der kurz nach der Jahrhundertwende gebaute Leuchtturm Westerheversand wie ein Spielzeug in der Umgebung. Traumhaft!

Wir erreichen den Hauptzugang, der von Westerhever hinaus auf die Sandbank führt, und folgen diesem nach Westen. Wer auf der nun folgenden Strecke etwas mehr über die Landschaft, Vogelwelt und Vegetation der „Westerhever Salzwiese" erfahren möchte, sollte einmal kurz über den Deich fahren und sich aus dem Infokasten ein Faltblatt entnehmen .

Es gibt nicht viele Stellen auf dem nordfriesischen Festland, wo das landschaftstypische Gefühl von Weite so wirkungsvoll ist wie hier: Wer mag, sollte sein Rad in der Übergangszone zwischen Wiese und Sandbank abstellen und den weiten Strand ein wenig zu Fuß erkunden, aber Vorsicht: Bei nebelträchtigen Wetterlagen nicht ohne Kompaß und dazugehöriger Orientierung, und bei starken Westwinden sowieso nicht, da die Salzwiese bei hohen Wasserständen noch vor der Sandbank „landunter" hat.

Ein schmaler Fuß- und Radweg biegt kurz vor unserem Rastplatz zum Leuchtturm ab; wir folgen ihm an weiteren Stationen des Salzwiesenlehrpfads entlang.

Der Leuchtturm Westerheversand hat seit 1979 keinen Wärter mehr. Die Steuerung erfolgt heute, wie bei mittlerweile allen Leuchtfeuern Nordfrieslands, vom Wasser- und Schiffahrtsamt in Tönning aus, wo der Computer auch eventuelle Störungen registriert und Alarm schlägt. Im nördli-

Zu den biologisch
wertvollsten und
landschaftlich reiz-
vollsten Ökosystemen
des Nationalparks
zählen die Salz-
wiesen der Deichvor-
länder und Halligen,
die sich jedoch
wegen der intensiven
Schafbeweidung in
einem degenerierten
Zustand befinden.
Gegen Tritt und Ver-
biß widerstandsfähige
Pflanzen, so das
kurze Andelgras,
dominieren in der
sonst artenreicheren
Vegetationsdecke.

chen Leuchtturmhaus sind heute eine Forschungsstelle der Universität Kiel und eine Außenstelle der „Schutzstation Wattenmeer" untergebracht, deren Veranstaltungen − Watt- und Salzwiesenführungen, Vorträge − in dem kleinen Info-Schaukasten am Warftfuß ausgehängt sind. Im anderen Haus ist in Zusammenarbeit mit dem Nationalparkamt ein Informationszentrum geplant.

Vom Leuchtturm aus führt ein schmalerer Pfad − früher die einzige Verbindung; bei Landunter hatten die Kinder des Leuchtturmwärters schulfrei! − direkt auf den Deich zu, der aus Schutzgründen nur noch wenige hundert Meter begehbar ist. Also gibt es nur den gleichen Weg zurück bis zum landseitigen Deichfuß. Dort angelangt, bleiben wir weiter auf Südkurs und umradeln am seeseitigen Deichfuß auf den folgenden 7 km einen Großteil der Tümlauer Bucht. Sie ist die letzte tiefe Schlickwatten- und Salzwiesenbucht an der schleswig-holsteinischen Westküste und wurde deshalb nach Einrichtung des Nationalparks auch zur Schutzzone I erklärt. Mit anderen Worten: Das Betreten ist absolut verboten, streng nach Gesetz zwar erst 600 m vom seeseitigen Deichfuß entfernt, aber . . . es muß ja nicht sein. Nicht nur zu Zeiten des Vogelzugs ist dieses Gebiet entsprechend frequentiert: Schwärme von über 100 000 Knutts (amselgroße Watvögel) sind hier keine Seltenheit, und das Piepsen, Tjüten und Flöten, das uns auf dem weiteren Weg vom Watt her begleitet, erscheint wie die musikalische Untermalung für ein kleines Paradies.

Wir erreichen schließlich den kleinen Tümlauer Wattenhafen, eine idyllische Raststätte für ein gemütliches Picknick mit weitem Blick auf den Leuchtturm. Sollten Sie bereits vorher den Deich zur Landseite hin überquert haben, achten Sie auf das Schöpfwerkhäuschen, dort finden Sie diesen sehenswerten kleinen Hafen, dessen zwei, drei Kutter eine Ausnahmegenehmigung zur Querung der Schutzzone besitzen.

Nun ist es nicht mehr weit bis nach St. Peter. Wir verlassen den Deich, biegen an der Hauptstraße rechts ab und radeln entweder direkt zurück oder benutzen an der kommenden Deichquerung den rechts abzweigenden Weg am Außendeich entlang, um bei nächster Gelegenheit − an den Campingplätzen vorbei − wieder zum Ausgangspunkt unserer Tour zu gelangen.

Exkurs: Die Westerhever Salzwiese

Wer in Nordfriesland Urlaub macht, wird seeseitig der Deiche, an den Wattenufern oder auf den Halligen fast überall auf sogenannte Salzwiesen stoßen, die in der Regel als Weideland für Schafe genutzt werden. Salzwiesen sind Grünlandflächen im Uferbereich des Watts, die nur bei höheren Fluten, ab Windstärke 5—6, vom Meer überflutet werden. Der Marschenboden ist entsprechend versalzen. Die ohnehin sehr rauhen Bedingungen in dieser Landschaft vor dem Deich ermöglichen nur wenigen hochspezialisierten Pflanzen das Überleben, die das Salz entweder speichern oder über die Blätter und Blüten wieder ausscheiden. Die bemerkenswert hübschen Pflanzen der naturbelassenen Salzwiese, u. a. der Strandflieder und die Strandaster, beide violettblühend, haben allerdings nur so lange eine Überlebenschance, wie die Schafe nicht überhandnehmen, wie es leider fast überall in Nordfriesland der Fall ist! Nur das kurze Andelgras und der Queller zeigen sich auf Dauer dem Verbiß und Tritt gegenüber resistent, so daß die Salzwiese durch die Schafe ein völlig anderes, sozusagen kurzgeschorenes Antlitz erhält. Das Nationalparkamt bemüht sich deshalb auch um eine Extensivierung der Schafhaltung zumindest im seeseitigen Deichvorland, um der natürlichen Salzwiese somit eine Chance zu geben. Wie schnell die Regeneration erfolgt, läßt sich an einigen Stellen der Westerhever Salzwiese sehr schön erkennen, wurden doch verschiedene Parzellen bereits seit 1985 durch Umzäumung vor den nordfriesischen „Mähmaschinen" geschützt. Der Besucher kann nun, mit einem Faltblatt in der Hand, an den verschiedenen Stationen des Lehrpfads genau das Vorher und Nachher erkennen. Ferner erhält er Informationen über typische Landschaftselemente wie Hallig-Abbruchkanten, naturnahe Priele und künstliche Grüppen, das sind gerade Entwässerungsgräben. Er wird unterrichtet über Vegetation und Vogelwelt und erfährt ganz nebenbei, daß zahlreiche hochspezialisierte Insektenarten ohne die letzten Restbestände an natürlichen Salzwiesen bereits ausgestorben wären.

Der Salzwiesenlehrpfad ist ein schönes Beispiel dafür, daß der Nationalpark auch eine große pädagogische Bedeutung haben kann, die dem Besucher nur eröffnet werden muß. Für besonders Interessierte sei auf die regelmäßigen Salzwiesen- und Wattführungen der „Schutzstation Wattenmeer" hingewiesen, deren Termine den Schautafeln zu entnehmen sind. Infos für Auswärtige unter der Telefonnummer (04865) 8 03.

„Gott schuf das Meer, der Friese die Küste": typischer Blick auf eine Salzwiese, die bisher vornehmlich nach wasserwirtschaftlichen Gesichtspunkten gestaltet wurde.

Alte Köge, junge Köge — von Bredstedt rund um den Beltringharder Koog

Ausgangspunkt dieser Tour ist der Bahnhof in Bredstedt, der nach seiner jüngst erfolgten Stillegung glücklicherweise nicht abgerissen wurde, wie es mit solchen Bauten nur allzuoft passiert, sondern — nach hervorragender Renovierung — eine private Nutzung gefunden hat.

Wir überqueren (Vorsicht!) die B-5-Ortsumgehung und radeln gleich gegenüber in die Bahnhofstraße hinein. Rechter Hand liegt das „Naturzentrum Nordfriesland", das leider erst nachmittags ab 14 Uhr geöffnet hat, so daß Sie sich lediglich die Plakatanschläge über die Veranstaltungen anschauen können.

Den zentralen Marktplatz erreichen wir, indem wir rechts in die Bergstraße einbiegen und uns anschließend gleich wieder links halten. Am besten, Sie schieben ihr Fahrrad kurz am gegenüberliegenden Standesamt sowie der Sparkasse vorbei, um sich gleich danach wieder aufs Rad zu schwingen und der Ausschilderung „Nach den Kögen" rechts ab zu folgen. Nach etwa 200 m biegen wir nach links in die Westerstraße ein, die uns — am Schützenhaus vorbei — in den Bredstedter Koog hinunterführt. Dieser Koog zählt mit dem nördlich angrenzenden Bordelumer Koog und dem südlich angrenzenden Breklumer Koog, die schon vor 1500 als schmaler Gürtel fruchtbaren Landes vor der Bredstedter Geest gewonnen wurden, zu den „ganz alten" in der nordfriesischen Siedlungsgeschichte. Sehr typisch ist die heutige landwirtschaftliche Nutzung der sogenannten „Alten Marsch", die wegen ihrer tiefgründig entkalkten und entsprechend bindigen Böden vornehmlich als Grünland oder Dauerweide Verwendung findet. Da das Land von den Bauern der nahen Geest und der Nachbarköge genutzt wird, finden Sie hier — im Gegensatz zu den jüngeren Kögen — bei einem Rundblick nicht ein einziges Gehöft, während der zurückliegende Geestrand sehr deutlich vom Siedlungsbild markiert wird. Etwa bei Kilometer 2,7 unserer Tour queren wir den alten Außendeich und durchradeln nun den Sophien-Magdalenen-Koog, der ein durchaus anderes Antlitz zu bieten hat: Gelbblühender Raps im späten Frühjahr und wogende Getreidefelder im Sommer deuten auf erheblich „bessere" Böden hin, die durch einen höheren Kalkanteil und eine nicht gar zu feinkörnige Struktur für die ackerbauliche Nutzung weit besser geeignet sind.

Die vier sogenannten „Reußenköge", zu denen auch dieser Koog zählt, sind das Ergebnis eines nahezu 200 Jahre dauernden Ringens um die Bedeichung der alten „Bredstedter Bucht", die sich zwischen der bereits

„angedeichten" Marscheninsel Ockholm im Norden und dem Hattstedter Neuen Koog im Süden für eine Bedeichung geradezu anbot. Doch das „Bredstedter Werk" konnte weder beim ersten Versuch (1619) noch beim zweiten Versuch (1712—19) vollendet werden. Waren es im ersten Falle die mangelnden technischen Voraussetzungen für die Durchdeichung der Wattenbucht von immerhin 12 km Durchmesser, so wurde die Situation nach der Zerstörung der ehemals vorgelagerten Insel Strand nicht günstiger. Erst in den Jahren 1742/43, nachdem man sich auf die „Politik der kleinen Schritte" zurückbesonnen hatte, gelang die Bedeichung des Sophien-Magdalenen-Kooges, der gut 20 Jahre später durch Schaffung des Desmercireskooges südlich an den Hattstedter Neuen Koog angedeicht wurde. Typisch für jene Jahre expandierender Fürstenmacht, die sich unter anderem darin äußerte, daß den ehemals für den Deichbau verantwortlichen Bauernschaften die Organisation der Landgewinnung aus den Händen genommen wurde, ist übrigens auch die Namengebung der neuen Köge nach Mitgliedern des Herrscherhauses oder der Beamtenaristokratie. Graf Desmercieres, ein aus Paris stammender Hugenotte und Direktor der Königlichen Bank von Kopenhagen, aber auch „Ihro Königl. Majestät zu Dänemark, Norwegen, Holstein allergnädigst bestallter Geheimer Konferenzrath des Elefanten Ordens", sorgte nicht nur für die Eindeichung der beiden Köge, sondern er machte seine Arbeit derart gründlich, daß ein Herr Tetens, seines Zeichens Professor für Hydrotechnik in Kiel, im Jahre 1788 folgende Sätze niederschrieb: „Mitten unter den schlechten Deichen der Nordseeländer, die Beweise einer noch rohen Kunst sind, stößt man auf die Deiche von Desmercieres, die Wert sind, als Muster aufgestellt zu werden. Es heitert einen denkenden Menschen auf, wenn die Vernunft so sichtbar wird."

Sie wollen diesen Deich nun endlich sehen? Dann folgen Sie doch einfach der Ausschilderung zum Desmercieres-Koog, indem Sie die schnurgerade Straße genau 4 km Richtung Süden hinunterradeln und beim Biohof „Nordlicht" rechts abbiegen. Nach einem weiteren Kilometer haben Sie den damaligen Außendeich erreicht, der sich immerhin bis zur Vordeichung des nun folgenden Cecilienkooges (1903—05) hervorragend bewährt hat.

Typisch für die sogenannte zweite Deichlinie, die dieser Deich bis zur Schaffung des Beltringharder Kooges markierte, ist die Stöpe in der Durchfahrt, die bei einem drohenden Deichbruch im Cecilienkoog mit Balken und Sandsäcken „verstopft" wird — so geschehen bei der Sturmflut am 3. Januar 1976, als das Meer schon recht bedrohlich über den Außendeich schlug. Der Cecilienkoog markiert den Beginn der vorletzten Bedeichungsphase der Bredstedter Bucht, die sich im Norden mit der Eindeichung des Sönke-Nissen-Kooges (1923−25) fortsetzt. Die Bodenverhältnisse in der noch jungen Marsch erreichen hier ihr Optimum an Fruchtbarkeit und Krümelgefüge, so daß Hektarerträge von bis zu 100 Dezitonnen Getreide keine Seltenheit sind.

Wir durchradeln den Cecilienkoog in gerader Linie und machen nach dem Erklimmen des ehemaligen Außendeichs einen kurzen Stopp an dem Infoschild zum Beltringharder Koog. Vor uns liegt das jüngste Glied in der Bedeichungskette vor Bredstedt (und wohl auch das letzte), das nach seiner Fertigstellung im Sommer 1987 eine Fläche von über 33 km² ehemaliger Vorländereien und Wattenflächen dem Einfluß der Nordsee entzogen hat. Vorausgegangen war dieser Baumaßnahme ein jahrelanger erbitterter Streit zwischen Küstenschützern auf der einen Seite und Naturschützern auf der anderen Seite. Während erstere nach den Sturmfluten von 1962 und 1976 die Notwendigkeit einer neuen (und höheren) Deichlinie ins Feld führten, argumentierten die beteiligten Naturschutzvereine u. a. mit der unwiederbringlichen Zerstörung der Salzwiesen- und Schlickwattflächen und den daraus resultierenden ökologischen Folgewirkungen. Die Infozentren der „Schutzstation Wattenmeer" halten umfangreiche Dokumentationen zu diesem Thema bereit.

Auf den folgenden 8 km unserer Tour erleben wir jedenfalls das Ergebnis des gewaltigen Eingriffs und die Bemühungen der an der Landschaftsgestaltung beteiligten Verbände, aus dem „Leichenhaufen" abgestorbener Wattenorganismen nun ein „Paradies aus Menschenhand" zu entwickeln. Wir radeln zunächst über den Nordstrandischmoor-Damm bis zum Außendeich nach Westen, wo Sie sich auf einer Infotafel über Höhe, Breite und Bau desselben informieren können.

Ein lohnender Blick über den Deich zeigt sommertags − zumindest bei Hochwasser − reiches Badeleben, während sich die See bei Niedrigwasser über mehrere Kilometer bis hinter die Hallig Nordstrandischmoor zurückzieht, deren vier Warften in 4−5 km Entfernung gut zu erkennen sind. Vielleicht erleben Sie auch, wie gerade die von „Lüttmoor" kommende Lorenbahn einige zufriedene Gäste entlädt.

Wir halten uns nun hinter dem Außendeich in Richtung Süden und kommen zunächst am Lüttmoor-Siel vorbei, mit dem der Wasserstand des Salzwasserbiotops links je nach Bedarf gesteuert werden kann. Das Hol-

Der nordfriesische
Teil des National-
parks zählt zu den
ornithologisch
bedeutsamsten
Feuchtgebieten Euro-
pas.

mer Siel dagegen, das wir nach weiteren 3,5 km erreichen, dient der Regulierung des Süßwasser-Speicherbeckens, das die Niederschlagswässer der weit östlich gelegenen Geest aufzunehmen hat. Auch beim Holmer Siel gibt es eine Badestelle, ferner einen kleinen Fährhafen, von wo aus Halligfahrten veranstaltet werden.

Wer noch mehr über den Beltringharder Koog erfahren will, kann einen Blick in das Infohaus an der Anschlußstelle auf Nordstrand werfen, wo keine Frage unbeantwortet bleibt.

Wie kommen wir von hier aus nach Bredstedt zurück? Auf jeden Fall über den Nordstrander Damm, den Sie folgendermaßen erreichen: Nach Besichtigung des Infohauses schieben Sie Ihr Fahrrad wieder hoch auf den Deich, halten sich nun aber rechts und fahren auf dem ehemaligen Seedeich Nordstrands entlang. Nach einem Kilometer wird es zu holprig, so daß wir rechts abbiegen, um nach einem weiteren Kilometer auf dem Hüttenweg zu landen. Diesem folgen wir bis zum Ende geradeaus, halten uns nun an der Hauptstraße links und verlassen damit Nordstrand.

Am Festland angekommen, biegen Sie direkt hinter dem Außendeich links hinunter, durchqueren ein Gatter und folgen dem holprigen Weg hinterm Deich nach Norden. Nach Querung zweier weiterer Gatter ist der insgesamt 1 km lange Hürdenlauf beendet. Die Belohnung folgt: Es schließt sich eine der schönsten Deichstrecken Nordfrieslands an, die hoffentlich nicht weiter kommentiert zu werden braucht. Nur bei der Arlau-Schleuse sollten Sie noch einmal einen Blick über den Deich werfen, um das große Süßwasserspeicherbecken und die sich von Norden heranschlängelnde Arlau zu überschauen. Die Rückfahrt nach Bredstedt dürfte nach dem Verlassen des Hattstedter Neuen Kooges kein Problem mehr sein, kommen Sie doch in den Cecilienkoog zurück, den Sie schon von der Hinfahrt kennen. Eine Alternative ist die Rückkehr über Altendeich. Dazu verlassen Sie die Deichstraße bei der Schleuse in Richtung Osten, lassen die auf Warften liegenden Häuser Altendeichs rechts der Straße liegen und radeln bis nach Deichshörn, wo die letzte Entscheidung des Tages ansteht: entweder links herum durch die Marschen oder rechts herum über die B 5 nach Bredstedt zurück.

Unsere Radtour in den nördlichsten Teil Nordfrieslands beginnt am Niebüller Bahnhof und soll uns zunächst Richtung Emmelsbüll führen. Um die Stadt zu durchqueren, folgen Sie mir bitte auf der folgenden Route, die uns auch den Besuch eines oder sogar mehrerer Niebüller Museen gestattet: Wir überqueren den Zebrastreifen vor dem Hauptausgang des Bahnhofs und radeln am NVAG-Büro auf die Rathausstraße, der wir stadteinwärts folgen. Am einmündenden Osterweg halten wir uns rechts, an der gleich anschließenden Hauptstraße wieder links, bis wir die Fußgängerzone erreichen. Bitte absteigen, heißt es hier. Wir müssen ein Stück schieben, zunächst am Rathaus und dem gegenüberliegenden Richard-Haizmann-Museum vorbei, das sich in dem denkmalgeschützten alten Rathausgebäude befindet und Werke des 1963 in Niebüll verstorbenen Bildhauers und Malers Richard Haizmann zeigt. Wir sind nun im eigentlichen Zentrum des Ortes, der bereits vor Mitte des 15. Jahrhunderts auf einer sich sanft aus der Marsch erhebenden Sanderinsel, so heißt das von den Gletscherströmen der Nacheiszeit gebildete Schwemmland, entstehen konnte und dessen fruchtbarer „Hausgarten", der ebenfalls in jenen Jahren eingedeichte Kornkoog, sich noch heute auf Kartenwerken deutlich aus der Umgebung abhebt.

Dieser Kornkoog läßt sich gut auf einer Radtour umrunden, indem Sie unserem bereits eingeschlagenen Weg folgen und weiter über Deezbüll, Maasbüll, Risum-Lindholm und Klockries – sozusagen immer geradeaus und doch im Kreis herum – bis nach Niebüll zurückfahren (15 km).

Es ist heute kaum noch vorstellbar, daß der Kornkoog ebenso wie die nordwestlich gelegene Wiedingharde nach ihrer Bedeichung noch viele Jahrzehnte als Insel im Wattenmeer existierte, vergleichbar mit der Situation der heutigen Marscheninseln Nordstrand und Pellworm. Erst anschließend gelang es durch Vordeichungen von der Festlandsgeest und durch Zusammendeichungen dieser Inseln, dem Meer weitere Gebiete abzutrotzen. Über Jahrhunderte jedoch ging noch der Kampf um den nördlich Niebülls gelegenen Gotteskoog, dessen nahezu 100 km² große Fläche nicht nur durch zwei große Öffnungen mit dem Meer verbunden blieb – von Dagebüll und von Hoyer/Dänemark aus –, sondern auch durch das von der nahen Geest herablaufende Niederschlagswasser regelmäßig „landunter" zeigte.

Weitere Informationen darüber erhalten Sie im 1990 aufwendig renovier-

Besucher des Nolde-
Museums in Seebüll
können — sozusagen
auf dessen Spuren —
im dazugehörigen
Garten nachvollzie-
hen, wie sich der
Maler durch seine
Umgebung inspirie-
ren ließ.

ten Naturkundlichen Heimatmuseum Niebüll, das Sie bald nach Ende der Fußgängerzone an der Ecke zur Deichstraße finden. Die Mitarbeiter bieten auch Führungen und Radtouren in die Umgebung an (kleine Spende erwünscht), die sich sommertags großer Beliebtheit erfreuen.

Sollten Sie noch nicht museumsmüde sein, werfen Sie noch einen Blick in das Friesische Museum, dessen Hinweisschild Sie nur wenige Meter weiter auf der linken Seite der Hauptstraße sehen.

Wir aber wollen nun hinaus in die Natur und biegen am Naturkundlichen Museum rechts in die Deichstraße ein, der wir über mehrere Kilometer folgen. Hoffentlich haben Sie auf dieser Strecke keinen Gegenwind, denn die Straße führt oben auf dem berühmten Gotteskoogsdeich entlang, der 1562-66 errichtet wurde, um die südliche Meeresverbindung des Gotteskoogs abzudämmen und die erste dauerhafte Verbindung zwischen dem Kornkoog und dem Wiedingharder Alten Koog herzustellen.

Etwa bei Kilometer 5 unserer Tour erinnert uns das Straßenschild „Am Rollwagenzug" daran, daß der aus den Niederlanden stammende Generaldeichgraf des Herzogs mit dem eigenartigen Namen Claas Janssen Rollwagen nur zu gerne das auch nach dem Bau des Deiches weiterbestehende Entwässerungsproblem des Gotteskoogs gelöst hätte. So ließ er zahlreiche Sielzüge anlegen, u. a. den Rollwagenzug, die aber nicht den gewünschten Erfolg zeigten.

Auch mit der von Westen weiterhin bis an diesen Deich heranbrandenden Nordsee gab es anschließend noch Probleme, wie die große Wehle als Zeuge eines 1634 (?) erfolgten Deichbruchs nach weiteren 2 km zeigt. Unsere Straße macht anschließend eine weite Linkskurve, in der Sie auf das Hinweisschild „Wrewelsbüllweg" achten sollten, denn diesem wollen wir nun nach rechts folgen. Es schließt sich ein kleines, wahrlich idyllisches Stückchen Nordfriesland an, das völlig abseits vielbefahrener Straßen liegt und bis heute voller Stimmung geblieben ist. Halten Sie sich an der nach 1 km erreichten Weggabelung links, so kommen Sie − kurz vor einem weiteren Sielzug − an einem zur Landschaft passenden „Dreiseithof" vorbei, der natürlich auf einer hohen Warft steht. Kurz danach landen wir am Mitteldeich, dem wir nach rechts bis zum Hoddebülldeich folgen wollen. Damit haben wir den bereits 1436 bedeichten Wiedingharder Alten Koog erreicht, auf dessen Ostdeich wir mehr als 6 km in Richtung Norden radeln. Bereits nach Querung der Bahnlinie Niebüll-Westerland sowie der Kreisstraße taucht das erste Hinweisschild auf das Nolde-Museum auf, dem Sie nur noch zu folgen brauchen. Rechter Hand erstreckt sich während der gesamten Tour der deutlich tiefer gelegene Gotteskoog, an dessen Ostrand sich gut sichtbar die Geest erhebt. Kleiner Tip noch am Rande: Knapp 2 km hinter dem Rechtsabbieger nördlich von Neukirchen kommen Sie kurz vor dem Erreichen des Nolde-Museums an einem Schild „Hülltofter Tief" vorbei. Es liegt nur 300 m links der Straße und ist nicht nur eine beliebte Badestelle an warmen Sommertagen (Duschen vorhanden), sondern auch ein sehr netter Picknickplatz in echter Nolde-Umgebung. Den Umzug Emil Noldes von Utenwarf nach Seebüll erledigte seine Frau Ada übrigens im Winter und per Boot.

Um mehr von „Noldes Landschaft" zu erfahren, halten Sie sich nach dem Besuch seines Hauses und Gartens bitte weiter auf der Stichstraße in Richtung Norden. Diese führt zunächst zwischen dem Museumsgelände und einem rechter Hand liegenden gut erhaltenen Hof vorbei und endet in einem Radfahrer- und Fußgängerweg, der uns durch die noch heute sehr amphibische Landschaft des nördlichsten Gotteskoogbereiches hindurchführt. Sie erreichen Fischerhäuser, halten sich an der kommenden Abzweigung rechts, der Hauptstraße folgend, und kommen zum Schöpfwerk Verlath, mit dem erst im Jahre 1951 endgültig die Gotteskoogentwässerung gelöst werden konnte. Vom dort eingerichteten Aussichtspunkt aus können Sie einen schönen Blick über den Ruttebüller See werfen.

Zwar gelang an dieser kritischen Stelle ebenfalls — wie am Gotteskoogdeich im Süden — 1566 der Deichschluß, doch mußten auch in der Folgezeit noch Deichbrüche hingenommen werden, so in den Jahren 1593, 1615 und 1634, die jedesmal zur Totalüberflutung des Kooggebietes führten. Die schlimmsten Situationen entstanden, wenn die Sturmfluten von heftigen Regenfällen begleitet waren: Dem von Osten eindringenden Süßwasser war die Abflußmöglichkeit zum Meer genommen, so daß das gesamte Gebiet wiederum, diesmal aber von der Landseite aus, überflutet wurde. Nur einige höhergelegene Sanderflächen ragten aus den Fluten, die noch heute an ihren Namen erkenntlich sind, wie zum Beispiel Großhallig, Jacobswarft und Hattersbüllhallig. Es liegt nahe, daß unter den genannten Bedingungen an Ackerbau und Viehzucht kaum zu denken war. So lebten die Bewohner der „Schlickländereien" sowie der angrenzenden Geestorte vom Fischfang — daher auch der Name „Fischerhäuser"; selbst Leck war als Fischerort gegründet worden — und von der Gewinnung von Reet, das den Gotteskoog über weite Flächen bedeckte.

Endgültig in den Griff bekam man die Situation erst durch die Einrichtung von Schöpfwerken, die das Wasser aktiv aus dem Koog herauspumpten.

So entstand auch das Schöpfwerk Verlath, das seit seinem Bau in den Jahren 1932/33 bis zu 10 m³ Wasser pro Sekunde abpumpte und im Jahre 1951 schließlich auf eine Leistung von 23 m³ pro Sekunde erweitert wurde. Allerdings — das sei bei aller Euphorie doch angefügt — denkt man heutzutage über manche Dinge durchaus anders: So wurde man des hemmungslosen Trockenlegens im Zuge der wachsenden Aufmerksamkeit für Belange des Naturschutzes und der landwirtschaftlichen Überproduktion schon in den siebziger Jahren überdrüssig und entschloß sich, den Restbestand des Gotteskooger Sees nicht nur zu erhalten, sondern sogar wieder neu aufzufüllen, was in den Jahren ab 1982 auch geschah. Der „Bundesgaarder See" entstand; er bietet heute auf seinen über 270 ha großen Feuchtflächen ein wertvolles Refugium für zahlreiche Vogelarten.
Natürlich möchten Sie das nun auch sehen, oder? Dazu folgen Sie mir bitte bis an den Ortsanfang von Aventoft und biegen hier, der Ausschilderung nach Niebüll folgend, rechts ab. Genau 7 km weiter südlich erreichen Sie den Rechtsabzweiger zur Aussichtswarft (Hinweisschild), von wo aus Sie sich nicht nur einen Überblick über das Gebiet verschaffen, sondern auch einen Fußweg bis hinunter an den See unternehmen können.
Die letzten 6 km unserer Tour dürften von hier aus — immer geradeaus — kein Problem sein. Eine schöne Alternative zu dieser Rücktour ab Aventoft sei noch empfohlen: Diese führt uns auf einer der Straßen hinauf auf die Geest bis Süderlügum, von dort auf dem Radweg neben der B 5 bis Braderup, wo wir am Ortsende rechts in die Süderstraße abbiegen, die uns über Bosbüll nach Niebüll zurückführt.

Ein Häuschen zur
Kontemplation in
„Noldes Blumen-
garten"

Kein Klischee über Deutschlands bekannteste Nordseeinsel hält sich so tapfer wie die Meinung, daß Sylt für Normalverdiener unerschwinglich sei. Nun, die vielzitierten „marktwirtschaftlichen Gesetze", in diesem Falle eine auf knapp 100 km² Fläche anscheinend nicht zu befriedigende Nachfrage, haben zu Immobilienpreisen geführt, die nur wenige Zeitgenossen bezahlen können oder wollen. Besucher einschlägiger Boutiquen in Kampen und Westerland entledigen sich in kürzester Frist eines Vermögens, und Freunde des Nachtlebens erkennen, daß auf Sylt genau 24 Stunden am Tag Geld verdient werden muß, um über die Runden zu kommen.

Wirtschaftliche Reaktionen dieser Art sind auf Sylt genauso unumgänglich wie in anderen illustren Ferienorten der Welt, sie verpflichten den Reisenden jedoch nicht, den persönlichen Part dazu beizutragen, will sagen: Wer auf die Erfahrung des Sylt-Klischees am eigenen Leibe keinen Wert legt, mag auf der „Insel der Nackten und Reichen", der „Königin der Nordsee", der „Prominenteninsel" einen durchaus preiswerten Urlaub verbringen, von günstigen Tagesbesuchen ganz zu schweigen.

Sylts führende Rolle im Fremdenverkehr Nordfrieslands kommt nicht von ungefähr. Empfindsame Reisende, die sich bereits um die Mitte des vergangenen Jahrhunderts in den entlegenen Landesteil Schleswig wagten, um nach tagelanger holpriger Kutschfahrt endlich den winzigen Marktflecken Hoyer an der Westküste Jütlands zu erreichen, gerieten nach der anscheinend obligat mit Seekrankheit verbundenen Schiffspassage ausnahmslos ins Schwärmen. So der „einsame Reisende" in Christian Peter Hansens Buch „Die Insel Sylt wie sie war" aus dem Jahre 1859: „Vor dem gewaltigen Meere aber blieb er stehen voll Ehrfurcht und Bewunderung. Er blieb lange im Anschauen und in Gedanken versunken über die Größe und Majestät desselben und dessen wunderbares Wellenspiel an dem westlichen Sandufer der Insel. Er zog wie unwillkürlich den Hut von dem Haupte, entblößte seine Brust und zuletzt den ganzen Leib; ließ sich von der frischen, kühlen und doch so sanften Seeluft anwehen und atmete sie mit nie gekanntem Wohlbehagen ein. Er breitete die Arme aus und stürzte sich — er konnte es nicht lassen — endlich wie zur Umarmung der Brandung ins Meer."

Die überschwenglichen Beschreibungen, nicht nur die Natur, sondern auch „Sittsamkeit" und „Ordnungsliebe" der Einheimischen preisend, lockten schnell eine finanzkräftige Klientel — vornehmlich aus aristokratischen Kreisen stammend — samt umfangreicher Gefolgschaft nach Sylt, so daß Westerland bereits vor der Jahrhundertwende den Ruf eines Seebades internationalen Zuschnitts erhielt. Lediglich die beiden Weltkriege und die Zeiten der wirtschaftlichen Rezession vermochten den steilen Aufschwung zu unterbrechen, ja, der sich ausbreitenden touristischen Monostruktur empfindsame Rückschläge zu verpassen.

Bis zum heutigen Tage hat die touristische Inanspruchnahme natürlich alle Orte der Insel erreicht. Den Vorteilen des damit verbundenen Angebots an gästeorientierter Infrastruktur samt diversen Möglichkeiten der Zerstreuung stehen die Nachteile gegenüber, die besonders in der Hochsaison unübersehbar sind: Über 100 000 Gäste überfallen — zu gleicher Zeit — die Insel und überziehen Orte und Landschaft mit dem offensichtlich mehrheitlich gewünschten Chaos, das von manchem Kurdirektor gar noch als „sanfter Tourismus" bezeichnet wird.

Der Zauber der Natur ist trotz allem geblieben. Keine andere Insel der Nordsee überrascht den Besucher mit einer derartigen Fülle an natürlichen Sehenswürdigkeiten, die — in Verbindung mit den rasch wechselnden Wetter- und Lichtverhältnissen — echte Begeisterung entfachen können. Einmalig an Deutschlands Nordseeküste sind Größe und Majestät der Abbruchkante zwischen Wenningstedt und Kampen, „Rotes Kliff", und des geologisch noch berühmteren Pendants im Sylter Osten, „Morsum Kliff", unübertroffen die Ausdehnung und der Reiz des Sylter Brandungsstrandes, wo mancher das erste Mal die wahre Nordsee erlebte. Die ausgedehnten Wanderdünen des Listlandes zählen zu den letzten Relikten echter Naturlandschaft, d. h. ohne Einflußnahme des Menschen entstandener Landschaft im Raum Nordfriesland, und die regelmäßigen Landverluste bei Sturmfluten sorgen nicht nur für Schlagzeilen, sondern geben der Insel auch jene magische Aura von Vergänglichkeit, die Neugier weckt. Landschaftsveränderungen, die sich normalerweise im Zeitraum von Generationen abspielen, können hier im Jahreslauf von jedermann mit bloßem Auge verfolgt werden. Im Raum Nordfriesland erreichen nur die menschenleeren Außensände und die tiefen Gezeitenrinnen zwischen den Inseln eine ähnliche Dynamik wie die Geschehnisse auf Sylt. Nirgendwo sonst jedoch beeinflußt die Natur das Wirken des Menschen so nachhaltig wie hier.

Neben den Besonderheiten, die die Sylter Natur dem Betrachter bietet, sorgt der Mensch für weitere Akzentuierungen. So erreichte die Bauwut

121

Einzigartig an der
deutschen Nordsee-
küste sind die gran-
diosen Wanderdünen
des Sylter Listlandes,
die schon 1923 unter
Naturschutz gestellt
und damit vor weite-
rer Bebauung
bewahrt wurden.
Noch heute bewegen
sie sich — vom vor-
herrschenden West-
wind getrieben —
jährlich um Meter-
beträge nach Osten.

in der Inselmetropole Westerland bereits in der Aufschwungstimmung der sechziger Jahre ein solches Ausmaß, daß sich mancher Stammgast mit „Erschrecken" von „seiner" Insel distanzierte. Weniger empfindsame Gemüter schätzen dagegen weiterhin den mittlerweile nahezu ganzjährigen Tourismus: Das Hochklappen der Bürgersteige, ein in allen Fremdenverkehrsorten Nordfrieslands zelebriertes Ritual zur Winterszeit, gehört allein in Westerland der Vergangenheit an. Das ruft natürlich Neider auf den Plan, besonders auf den Nachbarinseln, die sich bereits zu der Formulierung verstiegen, „Westerland gehöre nicht zu Nordfriesland" und „wer Westerland kennt, kennt Nordfriesland nicht". Womit sie unzweifelhaft recht haben.

Der Reisende sollte also bei seiner Planung die durchaus reizvollen Polaritäten der Insel bedenken. Ausflüglern, die nach stundenlangem Auf und Ab in den Einkaufsstraßen der Inselmetropole entnervt dem Bahnhof zustreben, sei angeraten, ihr Bild von „der Insel" gelegentlich zu ergänzen, d. h. das landschaftliche Drumherum mit in die Beurteilung einzubeziehen.

Das Resümee soll lauten: Die größte deutsche Nordseeinsel offenbart sich nicht auf einem Tagesausflug. Auch ein dreiwöchiger Urlaub wird schwerlich ausreichen, den Facettenreichtum Sylts zu erfassen. Aktivität ist angesagt, will man den Prozeß des Kennenlernens verkürzen.

Kein anderes Verkehrsmittel auf Sylt gestattet es einem, so streßfrei und bequem seinen eigenen Weg zu finden wie das Fahrrad, und sei es nur zum Erreichen eines weniger frequentierten Strandes. Am besten ist es, das Gefährt einen Tag vorher telefonisch vorzubestellen. „Fahrrad am Bahnhof", (Telefon: 0 46 51/58 03), ist mit 6−8 DM am Tag am günstigsten. Direkt gegenüber vom Bahnhof finden sich die Verleihe der ESSO-Station (Telefon: 2 37 40) und E. Schmidt (Telefon: 67 09).

Zu etwas abgelegeneren Stränden gelangt man per pedales in 20 Minuten: beispielsweise zum Übergang Dikjendeel im Süden oder zu den Zugängen in Höhe der Nordseeklinik im Norden. Die schönsten Strände Sylts erstrecken sich südlich Rantums und nördlich Kampens; Fahrtzeit jeweils 45 Minuten.

Entdeckernaturen seien auf das im selben Verlag vom Verfasser erschienene „Radwanderbuch Sylt" hingewiesen, das detaillierte Routenbeschreibungen bietet. Für den Kurzeindruck sind im folgenden drei beispielhafte Touren beschrieben: Die beiden ersten lassen sich mit Zwischenstopps an den schönsten Sylter Stränden verbinden, der dritte Vorschlag führt uns in den ruhigen Sylter Osten.

Radtour Westerland — List

Nach dem Heraustreten auf den Bahnhofsvorplatz halten wir uns zunächst rechts und biegen gleich an der Ampel in die Kjeirstraße ein (Radweg). An der Post vorbei geht's bis zur großen Ampelkreuzung. Wir überqueren die Straße zum „Farbenhaus Schmidt" und halten uns rechts bis zur Einmündung der Friesischen Straße, der wir nach Westen folgen. Der lebhafte Kernbereich Westerlands liegt hinter uns. Wir überqueren drei Straßen bis zur Lornsenstraße kurz vor dem Strandübergang. Achten Sie hinter der ersten Kreuzung auf die gewaltigen Kieferknochen eines Finnwales, gestrandet 1918, vor dem Eingang des Hauses Nr. 21!

Auf der Weiterfahrt nach Norden — immer direkt hinter den Dünen bis Wenningstedt — gibt es keine Orientierungsprobleme mehr; radlergerechte Hinweisschilder leiten auch den Unkundigen bis zur Kurpromenade oberhalb des grandiosen „Roten Kliffs", von wo aus sich ein wahrhaft atemberaubender Blick über Strand und Meer bietet. Auf der Promenade bitte schieben! Das Restaurant „Kliffkieker" und die Kurverwaltung — mit Infomaterial, interessanten Ausstellungsräumen über das alte Wenningstedt, Küstenabbrüche, Versteinerungen etc. — liegen in der Strandstraße, die von der Haupttreppe in den Ort hineinführt.

Um nach Kampen zu gelangen, folgen wir der Strandstraße bis zur Hauptstraße oder halten uns an die Ausschilderung Richtung Dorfteich/Denghoog. Letzterer lohnt den Besuch, handelt es sich doch um eine der besterhaltenen Grabstätten der jüngeren Steinzeit (geöffnet von Mai bis Oktober täglich von 9.30—11.30 und 15—17.30 Uhr). Nun wird die Landschaft offener. Der schöne Blick auf den schwarzgebänderten Leuchtturm „Rotes Kliff" zieht uns an, und wir erreichen ihn leicht, immer der Ausschilderung folgend.

Auf welchem Weg auch immer Sie anschließend den Nobelort Kampen erreichen: Gönnen Sie sich eine kleine Rundtour durch das Wirrwarr der Straßen und Wege, vielleicht gekrönt von einem Abstecher auf Sylts höchste Düne im Westen, die 52 m hohe Uwe-Düne, oder in die berühmte „Kupferkanne" oberhalb des Watts, wo Sie bei Kaffee und Kuchen in fast mediterraner Umgebung verweilen können.

Der landschaftlich schönste Teil unserer Reise kommt erst noch: Entweder dem Radweg neben der Hauptstraße folgend, und eventuell einen Besuch der Kampener Vogelkoje, einer vorbildlich restaurierten Entenfanganlage, einschiebend, oder auf dem westlich dazu verlaufenden Lehmkiesweg der alten Inselbahntrasse, der allerdings wegen des teilweise

In der Brandung vor
Westerland finden
alljährlich im Herbst
die Meisterschaften
der weltbesten Wind-
surfer statt. Als
spektakulärste Diszi-
plin gilt das Wellen-
reiten, bei dem wag-
halsige Sprünge die
meisten Punkte
bringen.

sandigen Untergrundes für Rennsporträder nicht geeignet ist, geht es hinaus ins Dünen-Dorado des Listlandes.

Etwa 2 km hinter der Vogelkoje treffen beide Wege an einer Ampel wieder aufeinander; da die Straße ab hier für Radfahrer gesperrt ist, folgen wir dem nach rechts abzweigenden Lehmkiesweg nach List. Ziel unserer Tour ist das Budenviertel des Lister Hafens („List-Vegas") mit Fisch- und Fleischimbissen, Kiosken und Eisständen.

Für die Rücktour sei die westliche Umrundung der Wanderdünen empfohlen. Folgen Sie dazu, vom Hafen kommend, der Ausschilderung zum Weststrand, wo sich ein traumhafter Blick auf die tiefe Wattenbucht des Königshafens und den Ellenbogen eröffnet, dann − bei der Lister Strandhalle − der alten Listlandstraße nach Süden.

Radtour Westerland − Hörnum

Um in den sonnigen Süden der Insel zu gelangen, halten wir uns auf dem Bahnhofsvorplatz links und stoßen gleich auf den neuen Fahrradweg, der uns den belebten Trift entlang nach Süden leitet. Auf diese Weise lassen wir die Skyline Westerlands schon nach wenigen Minuten hinter uns.

Bis Rantum gibt es keine Alternative zu unserem eingeschlagenen Weg. Er führt vorbei an der Eidum-Vogelkoje, einer alten Entenfanganlage, die heute dem Infozentrum des „Vereins Jordsand" angeschlossen ist. Sie müssen sie in dem kleinen Wäldchen allerdings erst suchen, dann wird linker Hand der Blick frei auf das Naturschutzgebiet Rantum-Becken. Es wurde Ende der dreißiger Jahre im Rahmen der militärischen Aufrüstung durch Eindeichung gewonnen und war ursprünglich als Landeplatz für Seeflugzeuge geplant. Auch die ehemaligen Kasernen am Ortseingang von Rantum entstanden in dieser Zeit.

Der Rest des Ortes macht einen freundlicheren Eindruck. Um das ursprüngliche Rantum kennenzulernen, biegen wir kurz hinter dem Feuerwehrgerätehaus links in den Dikwai ein, dann gleich wieder rechts in die Alte Dorfstraße. Wie der Name schon sagt, nähern wir uns nun dem ältesten Teil dieses Dünendorfes, das seit seiner Gründung im ersten Drittel des 19. Jahrhunderts bis zum Ersten Weltkrieg aus nur fünf Häusern bestand. Auf diese Häuser stoßen wir im Merret-Lassen-Wai, wobei das Haus „Raantem-Inge" (1818) das älteste ist. Der bogenförmige Deich, der diese Häuser heute umgibt, wurde erst in den Jahren 1987/88 gegen die ständigen Überflutungen von der Wattseite her errichtet. Immer wieder standen die Häuser auf ihren Warften mitten in der See, die bis über die

Alte Dorfstraße (und in den Sparmarkt) vorrückte. Heute radeln wir auf trockenem Grund weiter nach Süden.

Nach zwei Biegungen erreichen wir das Ortsende. Hinter der Bushaltestelle gibt es zwei Möglichkeiten der Weiterfahrt: entweder auf dem wattseitigen Lehmkiesweg, der alten Inselbahntrasse, oder neben der Hauptstraße auf dem asphaltierten Radweg. Der Lehmkiesweg hat den Vorteil, daß man fernab vom Verkehrslärm durch die einsame Dünenlandschaft radelt und dabei an mehreren Stellen das Wattufer erreicht, wo Ruhebänke und weiße Sandstrände zum Verweilen einladen. Der fast 200 m hohe Sendemast, auf den wir danach zusteuern, gehörte bis 1989 der US-Coast Guard, die ihn zur Funknavigation benutzte; heute wird er vom Wasser- und Schiffahrtsamt in Tönning betreut.

Die Dünentäler links und rechts der etwas erhabenen Trasse sind sehr niedrig gelegen und die meiste Zeit des Jahres mit Wasserflächen übersät – ein ideales Biotop für Kreuzkröten, Moorfrösche und Zauneidechsen, für Sonnentau und Moorbärlapp, die hier in großen Mengen vorkommen. Vorbei am Jugendheim Puan Klent nähern wir uns Hörnum. Die erst zur Zeit der Militarisierung „aufgeblühte" Siedlung besitzt einen entsprechenden „Charme". Moderne Ferienhausarchitektur und das obligate Haus des Kurgastes haben den Eindruck eher noch verschärft.

Wer plant, nach der Ankunft am Hörnumer Hafen per pedes die Sylter Südspitze zu umrunden (2 Stunden), dem sei ein Besuch im Informationszentrum der „Schutzstation Wattenmeer" angeraten, denn die dortigen Zivildienstleistenden kennen das Gebiet wie ihre Westentasche und können interessante Informationen über Küstenabbrüche geben.

Radtour Westerland – Morsum Kliff

Wiederum auf dem Bahnhofsvorplatz beginnend, halten wir uns rechts. Hinter dem Polizeigebäude folgen wir halblinks dem Kirchenweg Richtung Osten. Direkt vor der alten, 1635 erbauten Dorfkirche St. Niels, die durchaus einen Besuch wert ist, halten wir uns rechts, dann geht es gleich wieder links in den schmalen Birkenweg hinein. Sie werden es nicht glauben, aber wir sind noch immer in Westerland! Der kommende Weg – wir radeln rechts herum – markiert die Gemeindegrenze zu Tinnum. Bei der „Zottelhexe" (gemütliche Weinstube mit Sechziger-Jahre-Flair) biegen wir links ein in die Straße Am Grenzkrug, dann fahren wir den Horstweg

Das Altfriesische
Haus in Keitum
(Baujahr 1739) wurde
bereits im Jahre 1907
von der „Söl'ring
Foriining" (Sylter
Verein) erworben und
der Öffentlichkeit als
Museum zugänglich
gemacht. Innen wie
außen präsentiert es
die Harmonie friesi-
scher Baukunst.

rechts herunter bis auf die Hauptstraße. Von hier aus sind es keine 4 km mehr bis nach Keitum, gut zu fahren auf dem Radweg links der Straße. Um die schönsten Ecken des alten Seefahrerortes im Vorbeiradeln „mitzunehmen", sei folgende Ortsquerung angeraten: an der Ortseinfahrt links der „Möbeldeele" in den Pröstwai, nach Querung der Munkmarscher Chaussee in den Takerwai mit besonders gut erhaltenen und typischen Friesenhäusern, dann im Kirchenweg rechts, wo „Nielsens Kaffeegarten" mit seiner Watt-Terrasse lockt, bis zum Uwe-Jens-Lornsen-Weg. Dieser führt uns zum Altfriesischen Haus, das einen Besuch lohnt. Rechts herum geht es in der Straße Am Kliff zum Sylter Heimatmuseum: Der Besuch zählt zum Pflichtprogramm. Schließlich biegen wir rechts ein in den idyllischen Weidemannweg, dann wieder links durch Sylts einzige Allee, benannt nach dem berühmten Inselchronisten Christian Peter Hansen. Am Mühlenweg halten wir uns links und zum Ende unseres Blitzbesuches dann rechts. Die Straße Am Tipkenhoog führt uns am Schwimmbad und an zwei Hünengräbern vorbei in den Archsum Anwachs hinunter, das weite Marschengebiet, das Keitum mit der Geest im Sylter Osten verbindet. Das Morsum Kliff ist in genau 5 km Entfernung gut zu sehen. Der kürzeste Weg dorthin ist gleichzeitig der ruhigste: Nach etwa 1 km biegt der Asphaltweg nach rechts ab, wir aber halten uns links und folgen dem Holperweg ca. 500 m, radeln dann durch die Ortsteile Morsums, immer der Ausschilderung „Morsum Kliff" folgend. Da das Naturschutzgebiet per Fahrrad nicht zu erkunden ist, stellen Sie Ihren Drahtesel bitte am Info-Wagen des betreuenden Vereins ab. Sie erreichen das Kliff zu Fuß in 10 Minuten, können dieses am Flutsaum entlang östlich umrunden, bis Sie wieder am Parkplatz angelangt sind.

Empfehlung für die Rücktour: der Ausschilderung folgend über den Nössedeich nach Keitum zurück.

Wyk auf Föhr, Seebad seit 1819, ist die älteste offizielle Badestelle Nordfrieslands. Mit welchen Schwierigkeiten allein die Anreise in diesen entlegenen Winkel der Welt noch um die Mitte des letzten Jahrhunderts verbunden war, mag sich vergegenwärtigen wer just die Fähre in Dagebüll oder den Zuganschluß in Niebüll verpaßt hat. Ein „Kenner" der damaligen Verhältnisse überlieferte folgende Alternativen: „Man reist entweder 1) von Hamburg nach Rendsburg per Eisenbahn (3 Stunden) und von da per Dampfschiff nach Friedrichstadt (6−7 Stunden) und weiter per Chaussee (1½ Stunden*) nach Husum, und von hier per Dampfschiff nach Föhr (4 Stunden)... Wem die Seereise von Husum zu weit ist, kann sich mit Extrapost von Husum nach Dagebüll (5 Stunden) befördern lassen. Zwischen dem letztgenannten Ort und Föhr besteht eine tägliche Communication durch wohleingerichtete und mit bequemen Cajüten versehene Fährschiffe. Die Überfahrt währt bei günstigen Winden 3/4 Stunden, während sie im entgegengesetzten Falle 2−3 Stunden dauern kann. 2) von Hamburg nach Rendsburg per Eisenbahn und von da directe per Post nach Husum (6½ Meilen). 3) von Hamburg per Eisenbahn nach Kiel, von da per Dampfschiff nach Flensburg, von hier weiter 4 Stunden Chaussee nach Husum oder 7 Meilen nach Dagebüll." (Zitiert nach: Hansen/Hansen (Hrsg.): Föhr − Geschichte und Gestalt einer Insel. 1971.)
Noch irgendwelche Klagen? Verschwiegen wird, daß die reinen Fahrtzeiten noch nichts über die Gesamtlänge der Anreise aussagen können, da natürlich die mangelhaften Verbindungen durchaus mehrere Übernachtungen nötig machen könnten. Die „bequemen Cajüten" entpuppten sich − so verraten Augenzeugen − als schwimmende Schafställe ohne jeglichen Komfort, und die Dauer der Überfahrt... na ja, Sie ahnen es!
Dabei war Wyk in jenen Jahren schon ein bekanntes Seebad, das nach zunächst zögerlichem Beginn (1819 kamen 61 Gäste, aber noch 1839 war die „Schallgrenze" von 200 Zahlenden nicht überschritten...) in den sogenannten „Königsjahren" zwischen 1842 und 1847 außerordentlich bekannt geworden war. Ohnehin zum dänischen Gesamtstaat gehörig, war es kein geringerer als der beliebte König Christian VIII., der Wyk mehrere Jahre lang sommertags mit umfangreicher Gefolgschaft besuchte. Welch Wunder, wenn einem schon beim ersten Besuch folgende Lettern entgegenprangten: „Sei willkommen uns, Innigstersehnter! Treue begrüßen

Die friesischen Far-
ben, entdeckt am
Strand von Nieblum

Dich und Liebe." Das vergleichsweise profane „Willkommen auf Föhr",
das der moderne Reisende nach seiner Entladung im Wyker Hafen passieren muß, scheint ein Rudiment jener Überschwenglichkeit vergangener
Tage zu sein, denn obwohl der Gast natürlich König bleibt, mußte im Zuge
des expandierenden Tourismus auf Huldigungen einzelner leider verzichtet werden . . .
Erst in jüngsten Jahren ist die „Grüne Insel" − so der Werbeprospekt −
wieder dabei, eine Art Vorreiterrolle im Tourismus Nordfrieslands zu
übernehmen, allerdings weniger wegen der Steigerungsraten bei Übernachtungen als vielmehr wegen der Innovationsfreude des Managements.
Mit Unterstützung des schleswig-holsteinischen Umweltministeriums
unternimmt man einen „Modellversuch landschaftsverträglicher Erho-
lungs- und Freizeitformen" und läßt es dabei nicht bei schwulstigen For-
mulierungen bewenden. Während man sich beispielsweise auf der so auto-
freundlichen Nachbarinsel Sylt auch weiterhin über neue Schnellstraßen
und landschaftsfressende Ortsumgehungen freut, wurde auf Föhr mit der
Einrichtung eines intelligenten Bus-&-Bike-Systems eine echte Alternative
zur Automania geschaffen. Und während andernorts − trotz aller gutge-
meinten Ratschläge − auch weiterhin die Plastiktüten- und Verpackungs-
kultur gefeiert wird, sind solche Dinge aus den Regalen der Inselläden
kurzerhand verbannt: Papiertüten und Leinenbeutel, Mehrwegver-
packungen und Milchflaschen finden sich wieder in den Geschäften, die
als fortschrittlich gelten wollen, ferner ein großes Angebot an umwelt-
(und gesundheits-)verträglichen Produkten. Ein Umweltzentrum, an zentraler Stelle des Wyker Sandwalls in Zusammenarbeit mit dem Nationalparkamt und der „Schutzstation Wattenmeer" errichtet, hat ab 1991 den so
wichtigen Part der Information und Schulung übernommen, und einen
kostenlosen Vierfarbprospekt mit Routenvorschlägen für Pedaltreter erhält
der Insel-Interessent ohnehin schon im fernen Heimatort. Schließlich wird
dieser auch nicht von barbusigen Damen nach Föhr gelockt, die sich im
sonnenüberfluteten Strandkorb einem Gläschen Champagner hingeben,
sondern der Inselprospekt wirbt mit gesundem Nordseewetter − und mit
der neuartigen Fäkalien-Landentsorgung der „WDR"-Fahrgastschiffe.
Deshalb der Vorschlag: Wir steigen wieder einmal aufs Fahrrad, um die
grüne Insel aus eigenem Antrieb heraus zu erleben.

Per Rad über Boldixum nach Utersum mit allem Drumherum
Sollten Sie Ihr eigenes Fahrrad nicht auf die Insel mitnehmen wollen, empfiehlt sich die vorherige Reservierung beim Verleih Deichgraf, Hafenstr. 5, Telefon: (04681) 24 87. Dazu gehen Sie nach dem Verlassen des Hafengeländes links in die Königstraße hinein und biegen hinter dem Rathaus in die Hafenstraße. Nach 120 m stoßen Sie auf einen Parkplatz, wo auch der Verleih zu finden ist. Alternative: Verleih Fehr, Badestr. 8, Telefon: (04681) 38 64.

Vom Wyker Hafen bzw. von einem der Verleihe aus halten wir uns zunächst auf dem Fahrradweg der Umgehungsstraße Richtung Boldixum und Midlum, folgen dieser aber nur bis zum Ortseingang des Wyker Vororts Boldixum, wo wir rechts in den kleinen Marschenweg unterhalb der Bebauung einbiegen. Achten Sie dabei auf die Ausschilderung, die erst 1990 im Zusammenhang mit dem bereits erwähnten Tourenprospekt installiert wurde, und Sie werden keine Orientierungsprobleme haben.

Rechter Hand erstreckt sich jetzt die Föhrer Marsch, die allein ca. drei Fünftel der Inselfläche einnimmt und nur an wenigen Stellen Besiedlung zeigt. Erheblich auffälliger sind da schon die Windkraftanlagen am nordöstlichen Deich und die Vogelkojen, die ehemaligen Entenfanganlagen, von denen jedoch nur die östlichste — Boldixumer Vogelkoje — besucht werden kann. Nach der ersten Bedeichung der Marsch gegen Ende des 14. Jahrhunderts (?) — zunächst schützten sich die Föhrer nur mit einem flachen Überlauf- oder Sommerdeich — kam es immer wieder zu weiträumigen Überschwemmungen der so fruchtbaren Marsch, so daß man den Deich nach der Weihnachtssturmflut 1717 alsbald zu einem Seedeich erhöhte. Aber schon bei der „Halligenflut" im Jahre 1825 brach der Deich, worauf das Meer nicht nur das gesamte Flachland, sondern auch die tiefergelegenen Teile der Inselgeest überflutete. Bei Nieblum soll das Wasser gar bis ins Wattenmeer hinübergeflossen sein!

Kein Wunder also, daß sich die Bebauung so akkurat am Rande der Geest entlangzieht. Um sich den eigenen Zugang zur Marsch nicht zu verbauen, wurden diese sogenannten Geestrandorte, wofür die Orte Boldixum, Wrixum, Oevenum und Midlum wohl die schönsten Beispiele im Raume Nordfrieslands darstellen, zu einer Aneinanderreihung von senkrecht in die Marsch hinabführenden Wirtschaftswegen. Diese Struktur der Orte ist bis heute geblieben, und es kann nur empfohlen werden, auf der weiteren Tour den einen oder anderen Zickzackkurs nach eigenem Gusto zu unternehmen: Sie werden dabei manches Kleinod entdecken!

Windmühlen, früher
ein wichtiger
Bestandteil der Kul-
turlandschaft an der
Küste, sind selten
geworden. Diese fin-
det sich bei Oldsum
auf Föhr.

In Midlum angekommen, macht die Geest einen Knick nach Süden. Von hier aus gibt es zwei Möglichkeiten, nach Oldsum, unserem nächsten Fahrtziel, zu gelangen: Entweder biegen Sie, der Rauten-Ausschilderung folgend, gleich am Ortsende von Midlum rechts in die Marsch ab, oder Sie radeln zunächst weiter nach Alkersum, überqueren dort die Hauptstraße, um den nächsten Landwirtschaftsweg nach Westen zu nehmen. Vielleicht kommen Sie ja einmal in die Verlegenheit, bei Einheimischen nach dem weiteren Weg fragen zu müssen . . . Sollten sich diese bei Ihrer Annäherung in einer völlig fremden Sprache unterhalten, so bleiben Sie ruhig bei Ihrem Vorhaben, „man spricht auch deutsch!" Der geradezu babylonische Sprachenwirrwarr in Westerland-Föhr − es gibt noch heute viele Familien, die neben Hoch- und Plattdeutsch auch Friesisch, Dänisch und Dänisches Platt sprechen − rührt noch aus der Zeit vor 1867 her, als der Westen Föhrs gemeinsam mit Amrum als sogenannte „Westerharde" unmittelbar der dänischen Krone unterstand, während Osterland-Föhr und der größte Teil Nordfrieslands zum Herzogtum Schleswig gehörten. Für die Bewohner der Inseln war die „Dänenherrschaft" durchaus mit Privilegien verbunden, so brauchten die jungen Männer nicht zum Wehrdienst anzutreten und mußten nur im Kriegsfall ihren Beitrag leisten. Das alles änderte sich nach der Übernahme durch Preußen. 50 Jahre später gab es die Quittung dafür: Bei der Volksabstimmung im Jahr 1920 über den Verbleib im Deutschen Reich jedenfalls legten die südwestlichen Gemeinden Föhrs als einzige der „Zone II" ein klares Votum zugunsten Dänemarks ab.

Auf welcher der vorgeschlagenen Routen auch immer Sie Oldsum schließlich erreichen, versäumen Sie nicht, gerade im westlichen Ortsteil ein paar Schlenker durch die Nebenstraßen zu unternehmen, und planen Sie vielleicht einen Abstecher zum Oldsumer Vorland mit ein. Dieses erreichen Sie nach nur 2 km, wenn Sie sich an der Kreuzung im westlichen Teil Oldsums nach Norden halten, den Kreisen im Beschilderungssystem folgend. Sie fahren aufs Schöpfwerk zu und sehen nach dem Erklimmen des Deiches rechter Hand den kleinen Info-Wagen der „Schutzstation Wattenmeer", wo Sie alles über die Besonderheiten des Vorlandes erfahren. Sie haben hier eine der ganz seltenen Stellen im Nationalpark vor sich, wo die Salzwiese nicht von Grüppen durchzogen ist, sondern noch ihr ursprüngliches Prielsystem zeigt. Grund genug, auch dieses Gebiet der Schutzzone I des Nationalparks zuzuordnen, was für uns heißt: Betreten verboten! Vom Deich aus ist die ganze Landschaft ohnehin am besten zu überblicken, und wer ein Fernglas mit sich führt, wird die Gesichter der

Küstenseeschwalben und Lachmöwen leicht auch aus der Distanz erkennen.* Wenn Sie vom Oldsumer Vorland aus auch weiterhin der Kreis-Ausschilderung folgen, werden Sie problemlos nach Dunsum geleitet, wo Sie die Abmarschstelle für die Wattwanderungen nach Amrum erreichen. Andernfalls folgen Sie von Oldsum aus der Hauptstraße über Süderende nach Dunsum und halten sich dort am Ortseingang rechts, der Ausschilderung zum Deich folgend.

Vom Deich aus wird man für die Mühen des Aufstiegs mit einem phantastischen Blick zu den Nachbarinseln Sylt und Amrum belohnt. Während Sylt wegen eines bis über 35 m tiefen Priels nur per Schiff zu erreichen ist, kann man nach Amrum bei Niedrigwasser auch auf einem Fußmarsch durchs Watt gelangen. Kommen Sie nur bitte nicht auf den Gedanken, „mal eben schnell rüberzulaufen", denn der Weg ist ein ganzes Stück länger als die reine Luftlinie. Außerdem liegt der kritische Teil der Strecke direkt vor der Amrumer Nordspitze, wo das Mittelloch (ein bei Hochwasser mit Schiffen befahrbarer Priel) den Weg des Wanderers kreuzt. Manchmal steht das Wasser hier bauchtief, wie der Verfasser an einem Weihnachtsfeiertag bei Minustemperaturen feststellen durfte.

Direkt hinter dem hohen Seedeich radeln wir nun nach Utersum, dem westlichsten Ort der Insel Föhr. Ist Ihnen eigentlich schon aufgefallen, daß im bisherigen Verlauf unserer Tour nahezu alle Ortsnamen auf „-um" endeten, nur Süderende und Wyk ausgenommen? Während Wyk seinen Namen vom altdeutschen „Wik" = Bucht erhielt − eine sich ehemals tief in die Marsch hineinziehende und nur nach Osten geöffnete Naturbucht bot schutzsuchenden Schiffen hier immer schon ideale Voraussetzungen −, bedeutet die im Nordfriesischen so häufige Ortsendung „-um" soviel wie Ort oder Heim, vergleichbar mit dem englischen „-ham".

Von Utersum aus seien wieder zwei Alternativrouten bis Nieblum vorgeschlagen: Wer mehr auf Natur eingestellt ist, folgt auch weiterhin der Kreis-Ausschilderung und wird über Hedehusum in die Godelniederung entführt. Kleine Strecken müssen hier schiebend zurückgelegt werden, bitte zum Schutze der Brutvögel nicht die Felder betreten! Von dort geht es südlich an Borgsum vorbei zum Goting Kliff, einer bis zu 9 m hohen Abbruchkante der Inselgeest, von der sich ein schöner Blick über das Watt eröffnet. Bei Niedrigwasser sind, weit vom Ufer entfernt, zahlreiche Findlinge zu erkennen, die die einstige Ausdehnung der Geest verdeutlichen. Von hier aus sind es − hinter dem Nieblumer Strand entlang − nur noch gute 2 km bis zum Ortszentrum von Nieblum.

Der andere Weg führt uns, den Quadraten folgend, zunächst zur St.-Laurentius-Kirche, die schon von weitem zu sehen ist. Neben der Besichtigung der Kirche sollte man auch einen Spaziergang über den Friedhof mit einplanen, zeigt dieser doch die berühmten „Seefahrergrabsteine", in die die Lebens- und Leidensgeschichten der in den zurückliegenden Jahrhunderten auf Grönlandfahrt gegangenen Männer eingemeißelt sind. Wir kommen auf dem Friedhof der St.-Johannis-Kirche in Nieblum noch einmal auf die Hintergründe zurück.

Zunächst aber wollen wir noch der Lembecksburg einen Besuch abstatten. Um diese zu erreichen, folgen wir nicht der Hauptstraße Richtung Süderende, sondern umfahren die Kirche und radeln weiter nach Osten, bis wir auf die Hinweisschilder mit der Kreis- und Dreieckssignatur treffen. Dort müssen wir uns rechts halten, um nach gut 1 km auf die größte der noch heute existenten Ringwallanlagen der nordfriesischen Geestinseln zu stoßen. Über 7 m hoch und über 100 m im Durchmesser erreichend, steht sie wie ein Monument in der Landschaft und gibt ein bis zum heutigen Tage ungelöstes Rätsel auf. Während man zunächst davon ausging, daß es sich um von der einheimischen Bevölkerung errichtete Schutzbauten gegen die Angriffe der Wikinger (bis 800 n. Chr.) handelte, ergaben jüngere Untersuchungen ein Alter von ca. 2 000 Jahren. Auch scheint es, daß die von unbekannten Vorfahren errichtete Anlage zu späteren Zeitpunkten „wiederverwendet" wurde. Dies ergaben die im Inneren des Schutzwalles durchgeführten Grabungen, die auf mehrere „Besiedlungsphasen" hindeuten. Auffällig ist, daß die Lembecksburg ebenso wie ihre Pendants auf Sylt, Tinnum- und Archsum-Burg, an schiffbaren Wasserläufen gelegen haben, so daß es die Vermutung gibt, es seien Orte der Salzgewinnung gewesen. Auch wir werden, so fürchte ich, das Rätsel nicht lösen. So radeln wir denn weiter über Borgsum (= Ort an der Burg) und Goting nach Nieblum. Als Treffpunkt mit der Alternativroute empfiehlt sich die bereits erwähnte Kirche, wo weitere Grabsteine, die ganze Geschichten erzählen, zu bewundern sind.

Die Geschichte der Grönlandfahrt begann für die Bevölkerung der Insel Föhr – und die der anderen Inseln und Halligen – nach der Katastrophenflut von 1634, als die Verhältnisse auch infolge des Dreißigjährigen Krieges und der Pest immer unerträglicher wurden. Auf der anderen Seite suchten niederländische und englische Walfänger dringend Besatzungen, die im Umgang mit der See einige Erfahrungen besaßen. So nimmt es nicht wunder, daß im 18. Jahrhundert schließlich Tausende von Männern

Schmucker Eingang
eines Friesenhauses
in Oevenum

alljährlich im zeitigen Frühjahr die Inseln verließen, um auf sogenannten Schmackschiffen zu den Ausgangshäfen der großen Walfänger, also nach Hamburg und Rotterdam zu segeln. Von dort aus ging es dann im April auf zweimonatige Anreise Richtung Nordmeer. Dort begann der gefährlichste Teil der Unternehmung, wurde der Wal doch von kleinen Ruderbooten aus harpuniert, von denen manches unter dem wie wild um sich schlagenden Wal begraben wurde. Ebenfalls kam es vor, daß Schiffe durch einen frühen Wintereinbruch im Packeis festgehalten wurden. Jedenfalls kehrten viele der im Frühjahr Ausgezogenen im Herbst nicht wieder zurück; mehrmals passierte es sogar, daß die heimkehrenden Schmackschiffe in die ersten Herbststürme gerieten und mit Mann und Maus versanken. Das „goldene Zeitalter" des Walfangs hatte also auch seine Schattenseiten, die — allem angehäuften Reichtum zum Trotz — nicht vergessen werden sollten.

Radeln Sie nun ein wenig durch die anheimelnden Straßen dieses alten „Walfängerortes", dann finden Sie sicherlich auch ein Café. Von hier aus sind es bis nach Wyk gerade noch 15 Minuten. Ich empfehle Ihnen die Strecke am Flugplatz vorbei, den ausgeschilderten Dreiecken folgend. Dort werden Sie über den Südstrand zwangsläufig auf die den Ort querende Badestraße gelangen. An der Einmündung des Rebbelstigs stoßen Sie auf das sehenswerte Dr.-Carl-Häberlin-Friesenmuseum und das älteste heute noch erhaltene uthlandfriesische Haus von 1617.

Damit ist das Föhr-Pflichtprogramm abgeschlossen. Zum Sandwall, der idyllischen Promeniermeile gleich oberhalb des Wyker Strandes finden Sie sicher auch ohne mich.

Es tut mir leid, mein liebes Wittdün, aber diesmal bezeichne ich dich als häßlichsten Ort Nordfrieslands. Eigentlich tut man das nicht, und schon gar nicht zum 100. Geburtstag, und deshalb habe ich lange überlegt, ob es nicht eine „sanftere" Variante dieser wenig schmeichelhaften Bezeichnung gäbe. Auch ging mir durch den Kopf, ob man nicht Westerland auf Sylt oder eine jener baulich verunstalteten Warften auf Hooge, meinetwegen auch ein unbekanntes Dorf auf der Festlandsgeest mit dem Titel beehren sollte. Doch von Anfang an, seit der Wellblechhütte namens „Hotel Wittdün", ist auf der Weißen Düne kaum Gescheites gebaut worden, und wenn etwas einigermaßen Gelungenes zustande gekommen war, wurde es bald wieder abgerissen. Der über alles gestellte Grundsatz der Effektivität ist in dir verwirklicht worden, ohne fadenscheinige Kompromisse, und wenn du Glück hast, wirst du eines Tages − vielleicht zu deinem 150. − ein Freilichtmuseum!

„Amrum hat im Vergleich zu Sylt im allgemeinen gemäßigtere Verhältnisse und kleinere Maßstäbe", so formuliert es Henry Koehn in seinem Standardwerk „Die Nordfriesischen Inseln". Und er führt auch gleich die passenden Beispiele an: Auf Sylt blies der Wind die Uwe-Düne bei Kampen bis zu 52,5 m in die Höhe, während die Satteldüne auf Amrum gerade die Hälfte dieser Höhe erreicht. Und die eiszeitlichen Geschiebe wurden auf Sylt immerhin bis zu 27 m Höhe zusammengedrückt, während es hier − südlich von Nebel − gerade 18 m sind. Und „die Kliffbildung", so Koehn angesichts des vor seiner Haustür liegenden „Roten Kliffs", „ist auf Amrum auch nur geringfügig".

Ein persönliches Erlebnis möchte ich hier gern einfügen. Im Rahmen einer Ausflugsfahrt der „MS Eilun" mit Sylter Gästen geriet Käpt'n Tadsen angesichts „seiner" Insel Amrum ins Schwärmen und bezeichnete sie schließlich als „Perle der Nordsee". Ich erlaubte mir daraufhin über Schiffsmikrophon die Bemerkung, daß Sylt aber den Titel „Königin der Nordsee" trage, worauf Tadsen mir das Mikrophon aus der Hand nahm und erwiderte: „Aber was wäre eine Königin ohne Perlen...!?" Diese Runde ging an Amrum!

Den ewigen Vergleich mit der „großen Schwester" haben die Amrumer gründlich satt, und wenn Sie einmal einer Katze auf den Schwanz treten wollen, äußern Sie in Gegenwart eines Amrumers etwas Positives über Sylt.

„Dünenschutz ist Küstenschutz" heißt es auch auf Amrum. So dürfen die Dünen nur auf vorgeschriebenen Wegen durchwandert werden. An landschaftlich herausragenden Punkten — im Bild das Quermarkenfeuer bei Norddorf — erleichtern Aussichtspunkte die Orientierung.

Wir wollen sehen, was Amrum zu bieten hat, und wieder einmal das Fahrrad besteigen, denn es gibt keine bessere Möglichkeit, die Insel kennenzulernen, als sie per pedales zu erobern. Gleich am Hafen gibt es zwei Fahrradverleihe, wo Tagesgäste vom Festland oder den Nachbarinseln am besten vorher reservieren: Joachim Siebert (Telefon: 0 46 82/23 06) gleich hinter dem Schalterhaus der „WDR", und Lorenz Paulsen (Telefon: 0 46 82/20 64) an der Straße, die nach Wittdün hineinführt.

Wir folgen zunächst der Hauptstraße durch Wittdün in Richtung Leuchtturm. Sollte es noch vor 12 Uhr sein, so sei als erster Stopp unbedingt der Leuchtturm empfohlen, denn dieser ist täglich bis 12.30 Uhr (letzter Einlaß) für Besichtigungen freigegeben (Erwachsene 2 Mark, Kinder 1 Mark) und ermöglicht einen atemberaubenden Blick aus über 60 m Höhe über die Insel Amrum mit dem breiten Kniepsand, der allein eine Fläche von über 10 km² umfaßt, der tiefgestaffelten Dünenlandschaft, den ursprünglich gegen den Sandflug angelegten Forsten sowie den einzelnen Orte, die wir alle im Verlauf unserer weiteren Tour kennenlernen werden. Darüber hinaus geht der Blick bis nach Sylt, Föhr, ja zu den Halligen und − klare Sicht vorausgesetzt − bis nach Eiderstedt. Die Besteigung ist also ein Muß, zumal der Leuchtturm nicht nur der höchste ganz Nordfrieslands ist, sondern auch der einzige, der bestiegen werden darf. Einziger Wermutstropfen sind die insgesamt 297 Stufen vom Kassenhäuschen bis zum Balkon!

Amrum ist speziell für Fahrradfahrer gut ausgeschildert, so daß Sie sicher über die Insel geleitet werden. Nur ein kurzer Tip an dieser Stelle: Sollte Ihnen der Wind auf der bisherigen Strecke schon kräftig ins Gesicht geblasen haben, empfehle ich Ihnen im weiteren den Hinweg nach Norddorf durch die Forsten und den Rückweg über das kahle Heide- und Agrarland auf der Ostseite. Sicher ist Ihnen bei der Abzweigung zum Leuchtturm das große blaue Hinweisschild mit dem Fahrradwegenetz der Insel aufgefallen: Wir wählen die Strecke über Süddorf, Steenodde („Steinspitze") und Nebel bis nach Norddorf, von dort durch die Forsten hierher zurück.

Noch ein Hinweis in Ihrem eigenen Interesse: Bitte radeln Sie, zumal andere Möglichkeiten zur Verfügung stehen, nicht auf der Hauptstraße, denn diese ist wegen der Verkehrsbelastung für Pedaltreter gesperrt.

Zur Hauptstraße zurückgekehrt, halten wir uns an das Hinweisschild Richtung Süddorf, an der dortigen Kreuzung biegen wir nach Steenodde ab. Daß Amrum ebenso wie die Nachbarinseln Sylt und Föhr eine bevorzugte Siedlungsstätte stein- bis wikingerzeitlicher Geestbewohner war,

148

entnehmen Sie dem Hinweisschild kurz hinter der Ortseinfahrt Steenodde. Es lohnt sich, einen kurzen Abstecher linker Hand den holprigen Pfad hinauf zu unternehmen und den Esenhugh zu besteigen, um sich einen Überblick über die weitere Wegstrecke zu verschaffen.

Wir folgen der Straße zum kleinen Hafen hinunter, über den in früheren Jahren der Passagier- und Frachtverkehr mit der Insel abgewickelt wurde. Größere Schiffe und gezeitenunabhängigere Bedingungen gaben dann den Ausschlag für Wittdün, das ca. 1,5 km südlich von unserem Standort gut zu erkennen ist. Um nach Nebel zu gelangen, radeln Sie am Ende der Straße einfach am Toilettenhäuschen vorbei und folgen im weiteren den Hinweisschildern, immer oberhalb der Kliffkante entlang.

Über den Uasterstigh („Östlicher Weg") erreichen wir den idyllisch gelegenen Kapitänsort am Wattenufer, dessen historischer Ortskern größtenteils aus Häusern besteht, die im 18. Jahrhundert von zu Reichtum gelangten Kapitänen und Commandeuren errichtet wurden. Vielleicht wollen Sie aber zunächst zur Mühle mit angeschlossenem Heimatmuseum? Dann nehmen Sie den Maalenstegalk („Mühlenpfad"), der bald nach links abzweigt, und Sie sind in 3 Minuten da! Wieder zurückgekehrt, lohnt ein zweiter Abstecher in den nach rechts abzweigenden Waaswai mit hübschen Häusern und einem schönen Blick über das Watt bis nach Föhr.

Sie werden schon viel gesehen haben, bevor Sie das Zentrum bei der St.-Clemens-Kirche erreicht haben. Dort stellen Sie am besten das Rad ab, denn die Sehenswürdigkeiten dieses Ortes sind gut zu Fuß zu erreichen: Zunächst vielleicht ein Besuch der Kirche? Wie bei anderen historischen Inselkirchen auch, wurde hier um 1200 mit dem Bau einer Kirche begonnen, die allerdings zunächst vermutlich aus Holz errichtet wurde. Zu einem späteren Zeitpunkt wurde daraus eine Steinkirche mit Glockenstapel. Erst im Jahre 1908 kam der weiße Turm dazu, der das reetgedeckte Schiff nun weit überragt. Werfen Sie unbedingt auch einen Blick auf den Friedhof mit seinen insgesamt 90 unter Denkmalschutz stehenden Walfänger-Grabsteinen, auf denen die meist tragisch verlaufene Lebensgeschichte der waghalsigen Grönlandfahrer verewigt ist. Anschließend sei ein Spaziergang durch den nördlich der Kirche liegenden Park zur Kurverwaltung empfohlen, zumal man von dort in wenigen Minuten an das Watt hinuntergelangt: Hier gibt es eine Aussichtsplattform mit weitem Blick über die Nebeler Bucht bis zu den Inselenden und nach Föhr. Sie stoßen hier unten des weiteren auf einen Salzwiesenlehrpfad und können, ihm folgend, die Charakterpflanzen des Wattenufers studieren.

Zur Weiterfahrt folgen wir dem Uasterstigh bis zur Einmündung in den Waasterstigh („Westlicher Weg") und halten uns danach an die Ausschilderung Richtung Norddorf.

Nach weiteren 3 km durch ein offenes Weiden- und Wiesengebiet, erreichen wir Norddorf, die von Anbeginn bedeutendste Fremdenverkehrsgemeinde der Insel, und kommen über das Uaster-Anj („Osterende") noch vor dem Erreichen der nördlich angrenzenden Marsch ins Zentrum zum „Kurpark". Von hier aus läßt sich einiges unternehmen: Radler können die nördlich angrenzende Marsch auf Wegen und Deichen umrunden. Wer sich nun endlich auch den breiten Strand Amrums ansehen möchte, läuft den Strunwai („Strandweg"), also die Fußgängerzone nach Westen und kommt dabei am Kurmittelhaus und an der Strandhalle nebst Schwimmbad und Naturzentrum vorbei (knapp 3 km hin und zurück). Der Strandübergang ist auch per Fahrrad zu erreichen: Dazu fahren Sie − vom Kurpark ausgehend − die Lunstruat („Landstraße") wenige hundert Meter nach Süden bis zu den zwei großen Parkplätzen, über die Sie auf den Radweg, der gleichzeitig ein Naturlehrpfad ist, Richtung Schwimmbad/Strandhalle geraten. Wer viel Zeit hat, mag von Norddorf aus die mindestens dreistündige Umwanderung des Naturschutzgebietes Amrum Odde in Angriff nehmen.

Die Rücktour nach Wittdün führt uns ebenfalls über die Lunstruat aus dem Ort heraus. Die mittlerweile bekannten grünen Hinweisschilder leiten uns sicher durch die Forsten zurück zum Leuchtturm. Von dort aus geht es auf bekannten Pfaden zum Anleger zurück. Sollte noch ein wenig Zeit sein, lohnt sich in Wittdün ein kurzer Abstecher auf die Promenade oder ein Bummel durch die Hauptstraße.

Nordstrand — Insel aus Gewohnheitsrecht?

Schon seit dem Bau des 2 800 m langen Dammes, der Nordstrand seit 1935 mit dem Festland verbindet und die Insel damit immerhin in den Nahbereich Husums „verpflanzte", streiten sich Kenner der nordfriesischen Szene, ob Nordstrand überhaupt noch als Insel bezeichnet werden könne. Obwohl die Gegenseite durch den 1987 erfolgten Deichschluß des Beltringharder Kooges an Gewicht gewonnen hat, ist Nordstrand auch in diesem Reisebuch der Kategorie „Insel" zugeordnet, hat doch die jahrhundertelange Abgeschiedenheit nicht nur die Landschaft, sondern auch das Leben und Wirtschaften der hier Wohnenden so nachhaltig geprägt, daß der Eindruck der Stille — Deich hin, Damm her — bis heute erhalten geblieben ist. Abseits der einzigen die Insel durchziehenden Hauptstraße erhält der Gast, was ihm am besten bekommt: Ruhe, Weite und ein würziges Gemisch aus Land- und Meeresluft.

Jedoch — ein kleiner Wermutstropfen: Fährt man über den Damm „in die Insel hinein", hat man das Meer für längere Zeit zum letzten Mal gesehen, solange, bis man an anderer Stelle den alles umringenden Außendeich wieder erklimmt. Nordstrand gehört nämlich — gemeinsam mit Pellworm — zu den sogenannten Marscheninseln, deren deichgeschütztes Inneres sich durch „Setzung" austrocknender Torfschichten längst unter den Meeresspiegel zurückgezogen hat. Bereits bei der „Großen Flut" im 17. Jahrhundert führte dies zu einer der schwersten Katastrophen der nordfriesischen Geschichte. Wohl jedem, der Nordstrand heute besucht, steht die alte Insel Strand vor Augen, die sich vom heutigen Nordstrand über 20 km nach Norden fast bis zur Hallig Gröde erstreckte und sich von dort in einem hufeisenförmigen Bogen bis nach Pellworm herunterzog. Diese über 200 km² große Insel wurde in der Nacht vom 11. auf den 12. Oktober 1634 von der Natur getilgt, denn eine „landesverderbliche Sündfluth" gab dem Meer durch 44 Deichbrüche Einlaß, riß innerhalb von wenigen Stunden über 6 200 Menschen und über 50 000 Stück Vieh in den Tod, zerschmetterte 1 300 Häuser, 30 Windmühlen und 19 Kirchen und hinterließ ein schreckliches Bild des Untergangs und der Verwüstung. Ein Großteil des ehemaligen Landes wurde wie für die Ewigkeit vom Meer bedeckt.

Die etwa 2 500 Überlebenden — ihrer gesamten Habe beraubt und jeder höheren Flut nahezu schutzlos ausgeliefert — wollten in Scharen die übriggebliebenen Landflecken verlassen, wurden aber unter schärfsten Strafandrohungen von Herzog Friedrich III. von Gottorf zum Bleiben oder gar zur Rückkehr gezwungen. Da an Wiederbedeichung aus eigener Kraft heraus nicht zu denken war, gestattete Herzog Friedrich niederländischen „Partizipanten", sich an der schwierigen Aufbauarbeit zu beteiligen. Trotzdem dauerte es 20 (!) Jahre, bis die Wiederbedeichung des ganz im Westen des heutigen Nordstrand gelegenen Alten Kooges geglückt war, dann folgten die Andeichungen des Osterkooges und Trendermarschkooges und weitere Landgewinne nach Osten, aber erst mit der Bedeichung des Pohnshalligkooges in den Jahren 1920−23 wurde die heutige Umriß-gestalt der Insel erreicht.

Eine Besonderheit, die Nordstrand bis heute von allen anderen Inseln und Halligen Nordfrieslands unterscheidet, findet ihren Ursprung in dem im 17. Jahrhundert erfolgten Zuzug niederländischer Katholiken, die − neben der stehengebliebenen evangelisch-lutherischen St.-Vinzenz-Kirche − im Jahre 1662 die katholische Theresienkirche erbauten, die dem Erzbischof von Utrecht unterstand. Als es nun in Holland Streitigkeiten mit Rom gab, machte sich die daraus resultierende Spaltung der katholischen Kirche auch auf Nordstrand bemerkbar, worauf der nun als „alt-katholisch" bezeichneten Theresienkirche die „römisch-katholische" Knudskirche zur Seite gestellt wurde. Bis heute hat Nordstrand also drei Kirchen unter-schiedlicher Konfession, drei Gemeinden und . . . drei Pastoren.

Ein Besuch Nordstrands läßt sich − beispielsweise von Husum oder Bred-stedt aus − per Rad als interessante Tagestour gestalten. Im ersten Falle erreicht man Nordstrand nach knapp 10 km, während die Alternative auf der ab S. 107 beschriebenen Tour um den Beltringharder Koog ausgiebig erkundet wird.

Von Husum kommend, folgen Sie der Hauptstraße nach dem Erreichen der Insel zunächst linksherum, biegen dann aber nach 500 m rechts ab in den Süderquerweg, der durch den jungen Pohnshalligkoog führt und nach Querung des ehemaligen Außendeichs des anschließenden Morsumkoogs, nun als Hüttenweg bezeichnet, in den Elisabeth-Sophien-Koog weiterlei-tet. Dort angekommen, halten wir uns rechts, der Ausschilderung zum Infozentrum und zur Badestelle Holmersiel folgend. Genießen Sie hier noch einmal den Blick aufs Meer und nach Nordstrandischmoor, denn wir tauchen darauf wieder in die Insel ein, halten uns bei nächster Gelegenheit rechts, wundern uns über den Landschaftsnamen „Oben" beim Camping-platz und radeln nun − immer am landwärtigen Fuß des Außendeichs ent-lang − zunächst durch Landschaft, dann an dem schrecklichen Neubauge-biet am Kurhaus vorbei nach Strucklahnungshörn. Ein Blick über den

Deich bietet sich an. „Struck" ist, sobald man den Deich überquert hat, ein sehr netter kleiner Hafen, wo sommertags immer ein wenig Leben herrscht, besonders, wenn die Fähre von Pellworm kommt oder eines der Ausflugsschiffe die letzten Passagiere für die Halligfahrt an Bord nimmt. Gar nicht so weit entfernt scheint die Nachbarinsel Pellworm zu liegen. Sogar der Leuchtturm ist deutlich zu sehen.

Wir bleiben weiterhin auf dem Weg hinter dem Deich und erreichen nach gut 2 km den Deichknick Fuhlehörn, wo Sie wiederum den Blick übers Watt schweifen lassen sollten. Wir sind nun an der Abmarschstelle der von der Kurverwaltung angebotenen Südfall-Wanderungen und Kutschfahrten, und die kleine Hallig ist in genau 6 km Entfernung zu erkennen. Sehr merkwürdig wirken zunächst die eingezäunten Strandkörbe, aber dies sind lediglich „schaffreie Deichabschnitte", die wohl einem Bedürfnis zahlreicher Gäste entgegenkommen.

An dieser Stelle verlassen wir den Außendeich und radeln über „Westen" auf „Süden" zu, womit Sie das Zentrum der Insel erreichen, das sich mit Kirchen, Geschäften, Galerien, Töpfereien, Teestuben etc. links und rechts einer Art Ringstraße entlangzieht — wie es sich für ein Straßendorf gehört. An den Kirchen vorbei radeln Sie also geradeaus weiter über den Osterdeich bis zur Hauptstraße (Alterkoogstraße), halten sich dort links. Nach 600 m biegt die Hauptstraße rechts ab, Sie aber halten sich wiederum links und kommen somit nach Süden zurück.

Für sie Rückfahrt zum Festland sei der Schlenker über den Herrendeich zum Süderhafen angeraten. Von dort aus können Sie — immer der Hauptstraße folgend — die „Insel" bald wieder verlassen.

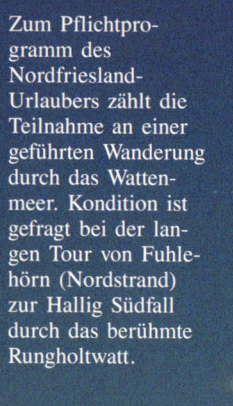

Zum Pflichtpro-
gramm des
Nordfriesland-
Urlaubers zählt die
Teilnahme an einer
geführten Wanderung
durch das Watten-
meer. Kondition ist
gefragt bei der lan-
gen Tour von Fuhle-
hörn (Nordstrand)
zur Hallig Südfall
durch das berühmte
Rungholtwatt.

I n der Nacht vom 11. auf den 12. Oktober 1634 war, wie schon mehrfach erwähnt, die große Insel Strand, auch: Alt-Nordtstrand, bis auf drei Landreste namens Nordstrand, Nordstrandischmoor und Pellworm — benannt nach der ehemals im gleichen Bereich gelegenen Pellworm-Harde — zerstört worden. Durch den vormals großflächig betriebenen Torfabbau und die folgende Landabsenkung innerhalb der Köge blieben weit über 100 km² „für immer" vom Meer bedeckt oder wurden in der Folgezeit nur noch bei Niedrigwasser sichtbar.

Auch im Bereich der heutigen Insel Pellworm starben über 1 000 Menschen, es wurden nahezu 200 Häuser von den hereinbrechenden Fluten zerstört. Trotzdem gelang es schon in den Jahren nach der „großen Flut", mehrere Köge wiederzugewinnen: Zunächst wurde der Große Koog, der die gesamte Inselmitte ausmacht, eingedeicht; es folgten, im Westen und Nordwesten anschließend, der Kleine, Mittelste und Alte Koog sowie der Johann-Heimreichs-Koog. Nach weiteren Landgewinnungen hatte Pellworm bereits am Ende des 17. Jahrhunderts nahezu seine heutige Größe erreicht; lediglich die Andeichung des Bupheverkooges erfolgte erst im Jahre 1938.

Die große Zeit des Leidens begann im 18. Jahrhundert, als ganze Folgen von Sturmfluten zu ständigen Deichbrüchen führten. Neben der Angst um Leben, Hab und Gut kam es wegen des eingedrungenen Salzwassers jahrelang zu Ernteausfällen. Außerdem drückte die sogenannte „Deichlast" jeden einzelnen Landbesitzer, waren diese doch verpflichtet, die Wiederbedeichungen nach anteiliger Landfläche zu unterstützen.

Diese traurige Zeit währte bis in die Jahre nach der Halligenflut (3./4. Februar 1825), als nochmals zahlreiche Deiche bis zu einer Höhe von 4 Fuß überspült wurden. Obwohl es nicht zu einem Bruch kam, mußten wiederum zahlreiche Bauern Konkurs anmelden und die Insel verlassen. Glücklicherweise blieb diese Überflutung Pellworms die bisher (1990) letzte in der von grauenhaften Katastrophen gezeichneten Geschichte der Insel. Die staatliche Unterstützung beim Deichbau, die zu mehreren nachträglichen Erhöhungen und Verbreiterungen führte, hat deutliche Früchte getragen. Es gibt zumindest ein Bauwerk auf Pellworm, das die gesamte Geschichte der Insel, angefangen in der Zeit vor 1362, bis zum heutigen Tage überdauert hat. Aber dieses Bauwerk ist eine Ruine geblieben — was seine Berühmtheit sicher nur gesteigert hat. Die Rede ist von dem großen

Wahrzeichen der Insel, der Alten Kirche im Alten Koog, ganz im Westen des heutigen Pellworm gelegen. Besucher sind häufig überrascht, wenn Sie die beiden Gebäude betrachten, die heute die Kirche ausmachen: Zum einen steht da der knapp 30 m hohe Turm, die Ruine, zum anderen das erheblich jünger aussehende Kirchenschiff. Beide Teile sind nicht einmal miteinander verbunden — obwohl es aus verschiedenen Blickwinkeln so aussieht. Und der Turm ist auch nicht — wie häufig angenommen — bei der Sturmflut 1634 in sich zusammengestürzt, sondern bereits im Jahre 1611, wie Anton Heimreich berichtet: „Es ist aber der Turm Anno 1611 den 5. April Morgens zwischen 6 und 7 Uhr an der Ostseite ganz eingerauset und hat ein gut Theil der Kirche mit erschlagen. Doch ist die Spitze stehengeblieben, bis sie zur Verhütung fernerer Gefahr auf des Herzogs gnädigen Consens den 9. Mai mit zwei Kröpelwinden heruntergewunden wurde."

Da haben wir es also. Auf jeden Fall steht weiterhin die Vermutung im Raum, daß zumindest die Turmruine (vor 1100 erbaut?) das älteste Bauwerk Nordfrieslands sei.

Auffallend im Landschaftsbild Pellworms sind ferner die auf Warften gelegenen — und deshalb weithin sichtbaren — Höfe, deren berühmtester ganz im Norden des Großen Kooges zu finden ist: Der bis zum Jahre 1755 erbaute „Waldhusenhof" ist heute zumindest von außen zu besichtigen, nachdem sein berühmter „Blauer Pesel", so heißt die gute Stube, der bäuerliche Wohnraum auf niederdeutsch, wegen der grassierenden Kleptomanie der Besucher geschlossen wurde.

Auch die letzte der ehemals acht Pellwormer Windmühlen, die „Nordermühle", liegt gleich nebenan am Deich.

Ob Sie nun eine Tagesfahrt von Husum unternehmen oder über die regelmäßige Fährverbindung von Nordstrand anreisen: Immer wird die Anreise nach Pellworm mit einer Seefahrt verbunden sein. Und das ist sicher gut so, denn die frische Meeresbrise an der Reling und die langsame Annäherung an das Eiland sind geeignet, den Besucher von Anfang an mit einer guten Portion „Inselgefühl" auszustatten, das nach dem Anlegen an der neuen Mole sicher noch gesteigert wird.

Die gängigste Fährverbindung bringt Sie in 35 Minuten vom Nordstrander Deichhafen Strucklahnungshörn über den Fuhle Schlot und die breite Norderhever zu diesem Fährhafen, während die Ausflugsschiffe von den anderen Inseln und Halligen meist am Deichhafen „Hooger Fähre" im Nordwesten Pellworms festmachen. Folgende Möglichkeiten der Inselerkundung sind gegeben:

Von der Hooger Fähre: Wanderung auf dem Außendeich zur Alten Kirche (3 km) und − soweit ausreichend Zeit vorhanden − zum kleinen Museum „Kulturfunde im Wattenmeer" des Ehepaars Bahnsen am Schütting (6 km), das seit 1971 eine Unmenge von interessanten Wattenfunden zusammengetragen hat. Weil die Öffnungszeiten sehr unterschiedlich sind, bitte den Besuch telefonisch avisieren: Telefon (04844) 5 69. Da die Fahrradmitnahme auf den kleinen Ausflugsschiffen meist nicht möglich ist, bietet sich als Alternative eine Busfahrt mit Heini Mextorf an, der den Fahrpreis in seinem kleinen Mietwagenbus nach Absprache gestaltet. Bitte vorher anrufen: Telefon (04844) 2 91.

Ab Tammensiel: Am flexibelsten ist man natürlich mit dem eigenen Fahrrad, ansonsten gibt es im Hafenbereich mehrere Fahrradverleihe. Wer sicherheitshalber reservieren möchte, kann es bei Otto Hansen (Blumenstube) versuchen: Telefon (04844) 5 24.

Zumindest während der Sommermonate (Juni−Oktober) hat sich zur Ankunftszeit der Fähre der Bus von Hannelore Delfs am Hafen eingefunden, der Sie in eineinhalb Stunden zu den wichtigsten Sehenswürdigkeiten der Insel befördert (Stopps an der Hooger Fähre und der Alten Kirche). Weitere Informationen unter Telefon (04844) 7 00.

Fußgänger sind − soweit es die „Sehenswürdigkeiten" betrifft − in Tammensiel einigermaßen hilflos, denn außer der Besichtigung des nahen Kurzentrums, des „Solarfeldes" oder der weiter nördlich am Deich bei Kraienhörn gelegenen Vogelkoje ist während eines Tagesausfluges kaum etwas zu erreichen.

Als mutmaßlich ältester Gebäuderest Nordfrieslands gilt die Alte Kirche im Westen Pellworms, deren Turm allen Sturmfluten und geschichtlichen Wirren zum Trotz bis in heutige Zeit überdauert hat.

Wie auf einer Perlenkette aufgereiht liegen die zehn nordfriesischen Halligen um die Marscheninsel Pellworm herum im Wattenmeer. Sie sind die letzten Überreste einer Landschaftsform, die zur Zeit der ersten Deichbauten im 11. und 12. Jahrhundert in allen Marschengebieten Nordfrieslands anzutreffen war. Wie der Name Hallig („Hal": Salz) schon ausdrückt, ist der Boden aufgrund häufiger Überflutungen mehr oder weniger versalzen, denn bis zum heutigen Tage erhebt sich die Halligoberfläche nur wenige Dezimeter über das mittlere Hochwasser. Das Geben und Nehmen des Meeres wird angesichts der Veränderungen, die allein in historischer Zeit stattfanden, mehr als augenfällig: Auf der einen Seite werden neue Marschengebiete durch immer weitere Schlickablagerungen bei Hochwassern gebildet, auf der anderen Seite werden diese, sobald sie eine gewisse Höhe erreicht haben, von den Wellen angenagt und wieder vernichtet. Wegen des ansteigenden Meeresspiegels hat dieser Kreislauf von Werden und Vergehen allerdings eine negative Bilanz: Aus alten Karten, Chroniken und sonstigen Überlieferungen ist bekannt, daß es einst mehr als 100 isolierte Marschen„flecken" allein im Raum zwischen Galmsbüll im Norden und Südfall im Süden gegeben hat, von denen die allermeisten unbewohnt blieben. Diese verschwanden entweder bei Sturmfluten − zum Beispiel die Beenshallig östlich von Hooge und Hallig Nübel bei Südfall −, wurden miteinander durch Deichbauten verbunden − Nordmarsch, Butwehl und Langeneß wurden zur heutigen Hallig Langeneß, Gröde und Appelland zur Hallig Gröde −, von den Landgewinnungsmaßnahmen des Festlands erreicht, wie die Hamburger Hallig, oder gar dem Einfluß des Meeres durch Vordeichung entzogen: Dagebüll, Fahretoft, Ockholm und viele mehr.

Wie alt die heute noch existenten Halligen sind, kann bisher noch niemand genau sagen. Die Wissenschaft tendiert jedoch, wie gesagt, zu der Ansicht, daß die Halligen im Gegensatz zu den fünf Nordfriesischen Inseln erst nach der Sturmflut von 1362 aus andernorts verlorengegangenem Land entstanden sind und auch anschließend, insbesondere durch Abbrüche im Westen und Anlandungen im Osten, gravierende Umgestaltungen erfuhren, so daß das genaue Alter nicht mehr festzustellen ist.

Eine ganz andere Ansicht vertritt beispielsweise Hans von Holdt, Gründer des Hooger Heimatmuseums, in seinem jüngst erschienenen Buch „Auf den Spuren des alten Hooge": „Ich meine, bestärkt durch meine jahrelangen Überlegungen, daß die Entstehung der heutigen Halligen wie nachfolgend zustande kam. In Plinius dem Älteren, einem Römer, der vor etwa 2 000 Jahren die Küste bereiste, habe ich einen wichtigen Augenzeugen. Er schreibt u. a.: ‚Dort wohnt dies arme Volk auf Hügeln oder künstlich nach Maßgabe der höchsten Fluten aufgeworfenen Anhöhen, auf welchen es Hütten errichtet, Schiffen ähnlich, wenn die Flut ringsum alles mit Wasser bedeckt. Sie können weder Vieh halten noch von Milch leben wie ihre Nachbarn. Und indem sie die mit den Händen aufgegriffenen Erdschollen mehr an der Luft als an der Sonne trocknen, kochen sie mit Erde ihre Speisen und wärmen damit auch ihren vom Nordwind erstarrten Körper. Ihr Getränk ist nur Regenwasser, das sie in Gruben im Vorhause bewahren.‘ (. . .) Wir sehen also, daß die Nordfriesischen Halligen im großen und ganzen auch schon vor mehr als 2 000 Jahren so oder so ähnlich ausgesehen haben wie heute (. . .)."

Bei Landunter schei-
nen die Halligen
wahrhaftig im Meer
zu versinken. Nur
noch die Warften
erheben sich aus der
tobenden See; im
Bild der Blick von
der Hooger Schul-
warft Richtung
Westen.

Was machen die Halligbewohner eigentlich den ganzen Tag?" ist eine häufig gestellte Frage von Tagesgästen, die die bekannteste aller Halligen mit einem der zahlreich verkehrenden Ausflugsschiffe ansteuern. Der Gesichtsausdruck, mit dem diese Frage begleitet wird, läßt Rückschlüsse auf die erwartete Antwort zu: Der Halligbewohner sei ein Gemütsmensch, der sich in unserer so schnellebigen und hektischen Zeit − beschränkt auf seinen eingeengten Lebens- und Geisteshorizont − vornehmlich der Kontemplation und dem Genuß von Teepunsch hingebe. Erwartet wird massive Halligromantik. Auch bei der Rückfahrt ist das Wunschdenken nur zögernd der Erkenntnis gewichen, daß auf Hooge längst „moderne Zeiten" Einzug gehalten haben, die die Lebensverhältnisse zwischen Großstadt und ländlicher Iydille innerhalb weniger Jahre nahezu egalisierten.

Wir wollen bei einem gemütlichen Spaziergang erfahren, „was der Halligbewohner denn so macht". Am Anleger ist großes Gewühl: Etwa 200 Mitreisende ergießen sich aus dem Schiff. Es ist nur einer von insgesamt fünf Ausflugsdampfern, die im Laufe des Tages hier anlegen und ihre Menschenfracht entladen. Im Jahre 1993 kamen auf diese Weise übers Jahr zusammengerechnet 140 000 Tagesgäste nach Hooge. Da wird der Verleih von über 600 Fahrrädern zu einem stressigen Full-time-Job, und auch die Betreiber der Pferdekutschen haben ihr gutes Einkommen. Dann ist da noch ein junger Mann, der etwa 50 Menschen um sich schart: Er ist Diplombiologe und Zivildienstleistender bei der „Schutzstation Wattenmeer". Diese unterhält ein Informationszentrum auf Hanswarft mit Unterbringung von Gruppen und Einzelgästen, so daß zwei bis drei Kollegen und ehrenamtliche Helfer mit Naturschutztätigkeit, Informationsdienst − Hallig- und Wattführungen, Vorträge etc. − und Serviceleistungen von der Gruppenbetreuung bis zum Waschen von Bettzeug ganzjährig beschäftigt sind.

Hallig Hooge hat als einzige Hallig einen bereits vor dem Ersten Weltkrieg gebauten, die gesamte Halligfläche umfassenden Überlauf- oder Sommerdeich von über 11 km Länge, der zwar bisher den weiteren Abbruch wertvollen Landes verhinderte, aber auch negative Wirkungen zeigt: Neben der verstärkten Erosion vor dem Deich wird bei Landunter (5−10mal im Jahr) die Grasnarbe binnendeichs derart mitgenommen, daß mit neuen Soden,

Steinen, Maschendraht und Holzpfählen die entstandenen Lücken schnell wieder geschlossen werden müssen. Das ganze Material dafür wird auf Schuten, also flachgängigen Lastbooten, herangeschafft. Außerdem muß nach höheren Fluten der Treibselwall (Teekwall) – so nennt man das Angespül, das jeweils mehrere Tonnen umfaßt – entfernt werden, damit die Grasnarbe nicht leidet. Schließlich verlangen die drei Deichsiele, d. h. die Tore zur Entwässerung der Hallig, regelmäßige Pflege, da sie sich bei Sturmfluten selbsttätig öffnen und schließen sollen. Öffnen sie sich nicht, steht die Hallig nach einer Überflutung tagelang unter Wasser, wie bereits geschehen. Insgesamt zehn Männer also sind beim ALW (Amt für Land- und Wasserwirtschaft) beschäftigt. Die Ehefrauen versorgen die Gäste, denn immerhin vermieten die 140 Einwohner Hooges insgesamt ca. 400 Betten, was zusätzlich zum Tagestourismus über 45 000 Übernachtungen pro Jahr einbringt, die Jugendheime eingeschlossen.

Fünf Gehminuten vom Anleger entfernt liegt die Backenswarft, die zweit-größte Warft der Gemeinde Hooge. Im Jahre 1990 erfolgte endlich die von den Bewohnern seit Jahren geforderte Warfterhöhung, denn bei den letzten Sturmfluten wurde die mit Normalnull + 3,70 m sehr flache Ostseite der Warft jedesmal überflutet, so daß es bei den dortigen Häusern regelmäßig Nässeschäden gab. Um die Warft zu erhöhen, wurde eine Art Ringkanal im Abhang um die Warft herum ausgebaggert und das Material beidseitig zu Wällen aufgehäuft. Aus der Süderaue wurden 30 000 m³ Sand über eine Rohrleitung in diesen Kanal hineingespült, anschließend wurde das ganze mit festem Klei abgedeckt. Da es bereits am 20. August das erste kräftige Landunter gab, bevor die Grasnarbe richtig angewachsen war, ent-standen große Schäden, zumal das Vieh – Hooge beherbergt im Sommer-halbjahr etwa 120 Stück „Gastvieh" vom Festland, wofür die Landbesitzer ca. 100 Mark je Rind erhalten – den schlammigen Warfthang niedertrat. Auch das Baumaterial schwamm zum Teil davon, da es nicht rechtzeitig gesichert werden konnte.

Die Bewohner der Backenswarft leben, soweit noch erwerbstätig, nahezu ausschließlich von Vermietung, Gastronomie und sonstigen Service-leistungen. Heute hat der entstandene Ringdeich eine Höhe von Normal-null + 5,70 m, das sind zwar 30 cm weniger als von den Bewohnern ge-wünscht, aber immerhin . . .

Nächste Station im „touristischen Dreieck" der Hallig ist die Kirchwarft. Im großen Gebäude auf der rechten Seite wohnt die Pastorenfamilie, wäh-rend die niedrige Reetdachkirche zunächst gar nicht zu erkennen ist:

„Herr, Du bist meine
Warft." Ein Blick
vom Himmel auf
Kirche und Pastorat
der Hallig Hooge
zeigt noch deutlich
die Marken der letz-
ten Flut.

Erstens hat sie keinen Glockenturm (aus statischen Gründen?), zweitens „verschwand" sie ein wenig im Warftboden, weil auch die Kirchwarft erst 1993 nochmals erhöht wurde. Beim Eintreten geht man heute in die Kirche hinunter und wundert sich vielleicht über die Muschelschalen unter dem Gestühl. Nun, bei den höchsten Fluten der vergangenen Jahrzehnte strömte das Wasser in die Kirche hinein, es brauchte aber nicht wieder hinausgeschöpft zu werden, da es durch den Muschelschill in den Untergrund sickerte. Fatalismus? Außerdem sagt der Pastor, der sehr kinderfreundlich ist und, nebenbei gesagt, viel für die Jugendlichen auf der Hallig tut, die das Elternhaus oft sehr früh verlassen müssen, obwohl sie gerne bleiben würden, er habe immer fröhliche Kinder in seiner Kirche. Was sicher nicht nur an den Muscheln liegt! Das Gotteshaus wurde 1637−42 erbaut, das Inventar jedoch ist in vielen Teilen älter, denn es stammt aus einer Kirche von Alt-Nordstrand, die bei der Zerstörung dieser Insel im Jahre 1634 mit unterging: Backsteine, Gestühl und Taufbecken, vielleicht auch Kanzel und Chorgitter fanden in der Hooger Kirche Verwendung.

Nur einmal geriet das Gebäude selbst in Bedrängnis, und zwar bei der „Halligenflut" in der Nacht vom 3. auf den 4. Februar 1825, als allein auf Hooge 25 Menschen ertranken. Die Westwand der Kirche wurde von den Wellen eingedrückt und mußte anschließend erneuert werden. Glücklicherweise ist die Warft heute hoch genug, daß derartiges nach menschlichem Ermessen nicht mehr passieren kann.

Nach dem Verlassen der Kirchwarft steuern wir nicht direkt die Hanswarft an, sondern wir halten uns links über die Brücke hinüber zum kleinen Hooger Hafen, wo einige Freizeitkapitäne von Hooge ihre „kleinen Fluchten" liegen haben. Es gibt auch zwei Fischer auf der Hallig, doch deren Kutter „Hoo 1" und „Hoo 2" sind meist auf Tour oder liegen bei „Landsende" hinter Ockenswarft.

Hinter dem Hafen biegen wir links ab und wandern − nun abseits vom großen Trubel − in Richtung Schulwarft. Auch hier das schon von der Backenswarft bekannte Bild: Nach der Sturmflut im Februar 1962, als an zahlreichen Hooger Häusern schwere Schäden entstanden, wurden viele der alten reetgedeckten Hallighäuser abgerissen und durch moderne Zweckbauten ersetzt, deren Flair nicht unbedingt geeignet ist, romantische Gefühle zu bewahren. Doch derlei Äußerlichkeiten mußten hintanstehen: Schon 1958 stufte eine Gutachterkommission über 70 % der alten Hallighäuser als abbruchreif ein, außerdem lag der Lebensstandard der Bewohner weit unter dem der Festlandsfriesen. Es war klar, daß etwas passieren mußte, um ein weiteres Ausbluten der Hallig zu verhindern. Dies geschah im Rahmen des sogenannten „Programms Nord" der Landesregierung: Die Warften wurden erhöht, neue Häuser errichtet, Verbindungswege geschaffen, Strom- und Wasserleitungen durch das Watt gelegt, der Hafen Schlüttsiel als tideunabhängige Verbindung zur Außenwelt eingeweiht. Ziel dieser Maßnahmen war die allgemeine Verbesserung der Lebensbedingungen, auch als Grundlage für den jetzt erst einsetzenden Tourismus. Im Jahre 1963 wurden während der Sommersaison 3 500 Übernachtungen gezählt, heute, eine Generation später, sind die Grenzen des Wachstums erreicht.

Der Lehrer der Halligschule darf sich freuen: Das im Jahre 1967 eingeweihte Gebäude wurde, der damaligen Schülerzahl entsprechend, großzügig eingerichtet. Auch ein Werkraum und eine Turnhalle fehlen nicht, ferner wurde eine zweite Lehrerplanstelle geschaffen, so daß die Kinder heute in zwei Klassen unterrichtet werden: jeweils die erste bis vierte und die fünfte bis neunte Klasse gemeinsam. Nach einem zwischenzeitlichen Tief ist die Schülerzahl nun wieder am Wachsen: 19 Kinder werden im Schuljahr 1994 unterrichtet, Tendenz steigend.

Westlich der Schulwarft beginnt der ruhigere Teil der Hallig, den die Tagesgäste höchstens per Fahrrad erreichen. Auf Mitteltritt, der nächsten Warft, wohnt auch einer der beiden letzten (Vollerwerbs-)Bauern der Hallig. Die anderen Landbesitzer betreiben die Landwirtschaft nur noch im Nebenerwerb; ein Stallgebäude ist effizienter ausgelastet, wenn man Gäste einquartiert. Außerdem muß man nicht um 5 Uhr aufstehen.

Die Zeit drängt: Wir haben nur drei Stunden Aufenthalt und wollen noch „das Gelbe vom Ei" − so die Werbegemeinschaft Hanswarft − besuchen und biegen deshalb bei der Schulwarft links ab. Auf der mit knapp 45 Einwohnern größten Warft der Hallig treibt die Vermarktung des engbemessenen Warftbodens seltsame Blüten: Das Zentrum der Warft ist eine Frittenbude, um die sich zahlreiche gastronomische Betriebe scharen. Dort bekommen Sie alles, was sich mit der Vorsilbe „Hallig-" oder „Friesen-" versehen läßt. Vor dem Königspesel, der Stube eines reichen Halligbauern, schart sich − wie immer − eine größere Menschenmenge und wird portionsweise hereingerufen. Immerhin, das Haus aus dem Jahre 1776 ist gut erhalten und zeigt im Inneren so manche Kostbarkeit. Daß der dänische König Friedrich VI. gerade hier übernachtete, auf seiner Besichtigungstour nach der „Halligenflut", verwundert nicht.

Auch bei Landunter
gibt es kuhwarme
Milch bei Ludwig
Binge auf Mitteltritt.
Flaut der Wind ein
wenig ab, machen
sich bald die ersten
Interessenten auf den
Weg. Die Kunst ist,
den schmalen Pfad
nicht zu verlassen,
denn links und rechts
sind tiefe Gräben . . .

Zwei weitere Museen auf der Hanswarft lohnen den Besuch: das Hooger Heimatmuseum, Lebenswerk des ehemaligen Postschiffers Hans von Holdt, ein Sammelsurium von Schätzen aus der Vergangenheit, auf der Nordseite der Warft, und das Informationszentrum der „Schutzstation Wattenmeer", das sich — Aquarien und liebevoll gestaltete Dioramen eingeschlossen — der Natur von Watt und Halliglandschaft widmet. Zur Rückkehr aufs Schiff folgen Sie einfach dem Strom der Masse.

Wenn es nach Uwe Schneider, dem Geschäftsführer des „Vereins Jordsand" und „Besitzer" der nur eine Gehstunde von Hallig Hooge entfernten Hallig Norderoog ginge, dürfte die „Insel der Seevögel" bald von keinem Besucher mehr betreten werden – so wird es auf Hallig Habel bereits praktiziert. Verschiedene Gründe lassen sich dafür anführen: Erstens ist es eine erwiesene Tatsache, daß die Brutvogelbestände, beileibe nicht nur im Raum Nordfriesland, unter dem Einfluß des explodierenden Fremdenverkehrs innerhalb des zurückliegenden Jahrhunderts derart gelitten haben, daß etliche heute noch auf Norderoog vorkommende Arten schlichtweg vom Aussterben bedroht sind. Besonders die in sandigen Küstenabschnitten brütenden Vögel Brand-, Küsten , Fluß und Zwergseeschwalben, diverse Watvogelarten etc. – leiden unter dem Homo touristicus, der just diese Flächen für ein Sonnenbad nutzt.

Zweitens hat der „Verein Jordsand" im Jahre 1908 in weiser Voraussicht die seit der Halligenflut 1825 verlassene Hallig für immerhin 12 000 Goldmark aufgekauft, um den Seevögeln eine Zufluchtstätte fernab der Segnungen unserer modernen Welt zu erhalten.

Drittens stand die Hallig von Anbeginn unter Naturschutz und gehört seit Einrichtung des Nationalparks samt umliegender Wattflächen zur Schutzzone I, was einem totalen Betretungsverbot gleichkommt.

Viertens ist wegen der in den zurückliegenden Jahren rapide angestiegenen Besucherzahlen eine Lösung dringend erforderlich.

Ein Kompromiß wird gegenwärtig diskutiert: Das Nationalparkamt untersagt den Zutritt für Einzelwanderer und vergibt nur noch an wenige Führer die erforderliche Lizenz. Täglich darf ab Hooge höchstens eine Gruppe mit nicht mehr als 50 Personen starten, zusätzlich ein Ausflugsschiff ab Pellworm.

Lohnt sich der Aufstand für einen winzigen Flecken Land, der noch vor 200 Jahren die siebenfache Größe besaß? Lohnen die Zehntausende, die der Verein in den Uferschutz, in die Unterhaltung der Schutzhütten und die „Bewachung" investiert? Die Antwort des Verfassers ist ein klares Ja, und der moderne Reisende, der dem Umweltschutz und dem „sanften Tourismus" sicher aufgeschlossen gegenübersteht, sollte sich genau überlegen, ob er nicht lieber auf einen Besuch der Hallig verzichtet.

Die Vogelhallig Norderoog liegt gut vier Kilometer von Hooge entfernt und ist — nur unter Führung! — um die Niedrigwasserzeit auf dem Fußweg zu erreichen. Bei Sturmflut ragen nur noch die beiden Vogelwärterhütten und der Schafhügel aus der See.

Das Meer nimmt, das Meer gibt – Beobachtungen auf einer Wanderung nach Oland

Wie Gröde und Nordstrandischmoor gehört auch Oland zu jenen festlandsnahen Halligen, die – um die Niedrigwasserzeit – auf Wattenmärschen zu Fuß erreichbar sind. Das Wattengebiet zwischen der Hallig und dem Festland südlich von Dagebüll fällt – unter normalen Wetterbedingungen – schon ca. 3 Stunden nach Hochwasser trocken, kann also sehr frühzeitig belaufen werden, so daß man trotz der langen Wanderung (14 km ab und bis Dagebüll-Hafen) genug Zeit für einen gemütlichen Aufenthalt einplanen kann. Zudem ist das Watt sehr fest und damit gut begehbar. Gerade an Sommerwochenenden wandern auch viele Einheimische zur Hallig hinüber, so daß sich ein reger „Wattverkehr" entwickelt. Die Abmarschstelle ist leicht zu erkennen, wenn man – vom Dagebüller Hafen kommend – am Deich in Richtung Süden läuft: Zunächst kommt man an den bunten Badebuden vorbei, die von Einheimischen als sozusagen private Schattenspender genutzt werden, dann macht der Deich einen scharfen Knick nach links, und Sie sehen bereits, wie sich das Wasser Richtung Westen zum Dagebüller Fahrwasser zurückzieht. An dieser Stelle ist gut zu beobachten, daß sich das auf- und ablaufende Wasser im Wattenmeer oft anders verhält als von anderen Küsten gewohnt. Schon geringe, im Dezimeterbereich liegende Höhenunterschiede genügen, um der Strömung eine andere Richtung zu geben, so daß sich auch das ablaufende Wasser nicht einfach in breiter Front von den Festlandsdeichen entfernt, sondern „seine eigenen Wege geht". Das ist auch einer der Gründe, warum das Wattwandern so gefährlich ist, besonders für denjenigen, der nicht ortskundig ist und daher nicht weiß, wohin er im Notfall gehen sollte. Die andere große Gefahr liegt im gefürchteten Seenebel, der besonders im Hochsommer in Minutenfrist entstehen kann und einen strahlenden Sonnentag schnell in eine undurchdringliche Suppe verwandelt. Kenner haben schon deshalb immer einen Kompaß dabei! Also: Auch wenn die Nähe der Hallig lockt, vertrauen Sie sich lieber einer Führung an, die sommertags von der Fremdenverkehrszentrale in Dagebüll sowie dem „Naturzentrum Nordfriesland" in Bredstedt angeboten und per Plakataushang mit Termin und Treffpunkt bekanntgegeben wird.
Übrigens ist Dagebüll noch bis zum Anfang des 18. Jahrhunderts selber eine Hallig, also unbedeichtes Marschland, gewesen. Nach der Bedeichung (1702/03) war der Dagebüller Koog über zwei Jahrzehnte lang eine

Insel im Wattenmeer, dann erst wurde er durch die nach mehreren Versuchen endlich geglückte Andeichung des östlich gelegenen Kleiseerkooges ein − weiterhin sehr weit vorgeschobener − Posten des nordfriesischen Festlandes. Die heutige Küstenlinie existiert nach Vordeichung des Galmsbüller Kooges (1936) im Norden und des Osewoldter Kooges (1935) im Süden seit gerade erst einem halben Jahrhundert. Trotzdem ist die verbleibende „Nase" Dagebülls weiterhin ein Schwachpunkt in der Küstenverteidigung. Dies wurde besonders bei den Frühjahrsstürmen 1990 deutlich: Wegen akuter Deichbruchgefahr mußte ein Teil des Dagebüller Kooges evakuiert werden, glücklicherweise aber kam es nicht zu der befürchteten Katastrophe. Der Südwestdeich wurde zwar an mehreren Stellen überspült, hielt aber dem Ansturm der Wellen stand. Noch im Sommer 1990 wurde eine Deichverstärkung durchgeführt: Für insgesamt 4,6 Millionen Mark wurde der Deich auf einer Länge von 1,8 km auf 7,6 m über Normalnull erhöht und dabei noch erheblich verbreitert, so daß sich die Bewohner des Dagebüller Kooges nun sicherer fühlen können.

Beim Hinauswandern ins Watt läuft man zunächst an der immer weiter zurückweichenden Wasserlinie entlang und hält nach etwa 2 km Kurs auf die Olander Warft, die ganz im Westen der Hallig liegt. Linker Hand zieht sich der Olanddamm entlang, der 1927 die Verbindung zur Hallig wiederherstellte, nachdem ein bereits vor der Jahrhundertwende gebauter Damm Richtung Fahretoft in den Jahren des Ersten Weltkrieges wieder zerstört worden war. Der heutige Verbindungsdamm erfüllt einen doppelten Zweck: Zum einen bietet er die Möglichkeit, alle fürs Überleben wichtigen Dinge, angefangen bei den Steinen für die Uferbefestigung bis hin zu den zahlenden Gästen..., mittels Motorloren vom Festland zur Hallig hinüberzubefördern. Das ist deshalb besonders wichtig, weil Oland nur von kleinen Booten angefahren werden kann. Auf der anderen Seite stellte sich der erhoffte Landgewinn ein, denn die vom Meer ständig herantransportierten andernorts abgerissenen Sedimentmassen konnten sich nun im Schutze des Dammes nach dem Bauen weiterer Lahnungsfelder ablagern und − Schicht auf Schicht − neues Land aus dem Meer emporwachsen lassen. In konkreten Zahlen: Über Jahrhunderte war Oland − ebenso wie alle anderen Halligen auch − immer kleiner geworden und bestand in den Jahren 1876/77 gerade noch aus 84 ha Land. Genau 100 Jahre später konnten bereits 123 ha gemessen werden, und der Blick auf jüngste Luftbilder zeigt, daß Oland mittlerweile nahezu das Doppelte seiner einstigen Größe angenommen hat.

Gewitterstimmung
über Hallig Oland

Um auf die Hallig hinaufzukommen, lassen wir die schlickigen Lahnungs-felder und Salzwiesen links liegen und „entern" das kleine Eiland erst, wenn wir uns in Höhe der Warft befinden. Wir überqueren einen sich nur 1,3 m über das mittlere Hochwasser erhebenden Überlauf- oder Sommer-deich, der seit 1961 über 100 ha des Halliglandes bis zu Windstärken zwi-schen 7 und 8 „trocken hält". Damit ist dafür gesorgt, daß viele höhere Sommerfluten das Halligland nicht überfluten und die Heuernte zunichte machen.

Die Warft ist eine der größten im nordfriesischen Halligmeer: 14 Häuser scharen sich – dicht gedrängt – in teilweise sehr „halligmäßigem" Bau-stil um den „Fething", das Wasserreservoir inmitten der Warft, der immerhin noch bis 1964 die Trink- und Tränkwasserquelle von Mensch und Tier war. Diese Art der Wasserversorgung funktionierte – trotz teil-weise bedenklicher Qualität – in den meisten Jahren zumindest so lange recht gut, bis sich die Natur wieder neue Kapriolen einfallen ließ. Zum Beispiel im Sommer 1959, als der Fething aufgrund der anhaltenden Schönwetterlage austrocknete und eine Wasserversorgung vom Festland ebenso nötig wurde wie nach der Februar-Sturmflut 1962, als er mit Meerwasser vollgelaufen war. Im Winter 1963 dann der nächste Notstand, als Watt und Fething nach wochenlanger Frostperiode betonhart zugefro-ren waren und plötzlich – eines eiskalten Sonntagmorgens – Dutzende von Gästen per Auto (!) mal kurz „zum Teepunsch" auf der Hallig vorbei-schauten . . .

Sicher wird sich jeder von Ihnen in dem engen Labyrinth der Wege sofort verlaufen und auf seinem Irrweg an allem vorbeikommen, was der Befrie-digung menschlicher Grundbedürfnisse dienlich ist: Hier gibt es Souve-nirs, dort ist die Kirche – alle Informationen über diese entnehmen Sie bitte der dort ausliegenden Broschüre – , irgendwo haben Sie die allerdings-dings fast immer geschlossene Post entdeckt, und wo war doch gleich die Schule, die 1994 – aufgrund fehlenden Nachwuchses – „vorübergehend stillgelegt" wurde? Wo eine Kneipe ist, ist auch die öffentliche Toilette nicht fern. Es sei empfohlen, nach Besichtigung der Warft zum kleinen idyllischen Hallighafen hinunter- und von dort – entgegen dem Urzeiger-sinn – über den Sommerdeich um den Ostteil der Hallig bis zu der Stelle zurückzulaufen, wo wir sie betreten haben. Kalkulieren Sie für diese Tour eine Dreiviertelstunde ein. So, nun aber schnell zum Festland zurück, denn das Wasser läuft bereits wieder auf . . .

Die Halligen Oland und Langeneß wurden bereits im Jahre 1941 zu einer Gemeinde zusammengefaßt. Trotzdem blieben sie zwei unterschiedliche Welten, nicht nur von Größe und Aussehen her, sondern auch – beispielsweise – die Anfahrtswege und die Vorwahlnummern im Telefonbuch betreffend . . .

Die Fahrt mit der „Amrum", die auf ihrer nahezu täglichen Fahrt von Schlüttsiel nach Amrum ein gut Teil ihrer Strecke an Langeneß vorbeizieht, zeigt die Ausmaße dieser größten aller Halligen: Nicht weniger als 17 Warften ziehen sich – wie auf einer Perlenschnur aufgereiht – auf einer Länge von insgesamt 8 km hin, dazu kommen noch zwei Kilometer unbebautes Halligland . . ., nein, so riesig hat man sich eine Hallig nicht vorgestellt. Trotz ihrer ungewöhnlichen Ausdehnung zeigt Langeneß jedoch – im Detail betrachtet – sehr viel „Halligtypisches", das dem Tagesgast allerdings in den meisten Fällen verborgen bleiben wird.

Wer in der recht knapp bemessenen Zeit eines Tagesaufenthaltes möglichst viel von der Hallig sehen will, sollte nach der Ankunft gleich links hinauf zur Rixwarft laufen, und das aus zweierlei Gründen: Zum einen gibt es hier einen sehr interessanten Informationsraum, der von der „Schutzstation Wattenmeer" in Zusammenarbeit mit dem Nationalparkamt gestaltet worden ist und manche wichtige Anregung für den weiteren Aufenthalt vermitteln kann, zum anderen vermietet Helge Paulsen hier oben seine Fahrräder, die – neben einer Fahrt im Hallig-Expreß, die leider nur an wenigen Tagen möglich ist – die einzige Möglichkeit bieten, die interessanten Stellen im Osten der Hallig zu besuchen.

Mit Volldampf geht es also die Warft wieder hinunter und ab nach Osten. Die Warft „Hilligenley" lassen wir zunächst mal rechts liegen, dort werden wir erst zum Abschluß unserer Tour den berühmten Pharisäer mit Halligsahne (!) genießen. Die Straße biegt nach Norden um, und wir durchradeln erst einmal den als Nordmarsch bezeichneten westlichen Teil der Hallig, der bis zum Jahre 1847 noch ein eigener Marschenflecken war, bevor er mit Langeneß zusammengedeicht wurde. Achtung! Wir erreichen die Hauptverkehrskreuzung der Hallig, und das Motto heißt: Alle zehn Minuten kommt keiner . . . Links geht es zur Mayenswarft und zum Hallighafen (500 m), rechts zu unserem ersten Stopp, dem Kapitän-Tadsen-Museum auf Ketelswarft, das wir nach 1,5 km erreichen (Hinweisschild).

181

Dieses ursprünglich im Jahre 1741 von einem zu Reichtum gekommenen Kapitän gebaute Hallighaus zeigt mit seinem halligtypischen Schweifgiebel und seinem alten Interieur äußerlich und innerlich viel Interessantes zum besseren Verständnis des Lebens auf der Hallig in früheren Zeiten. Nach umfangreicher, gelungener Restaurierung stellt es seit 1987 eine wesentliche Bereicherung des vormals recht mageren Informationsangebots dar.

Die nächste Station liegt wiederum 1,5 km weiter östlich: Zunächst erreichen wir die Kirchwarft mit „angeschlossener" Schule, auf der 1994 neun Kinder unterrichtet wurden, 200 m weiter biegen wir links ab zur Honkenswarft, die wegen der noch vorhandenen alten Hallighäuser oft als die schönste Warft von Langeneß bezeichnet wird. Hier finden Sie auch die „Friesenstube", eine weitere im alten Stil erhaltene Räumlichkeit, die zu besichtigen ist.

Zum Abschluß der Kurzbesichtigung soll uns noch einmal die Natur interessieren: Auf die „Hauptstraße" zurückgekehrt, biegt nach 200 m der Rechtsabzweiger zur Peterswarft ab, wo sich das Infozentrum der „Schutzstation Wattenmeer" befindet. Spätestens hier werden Sie bei der Betrachtung der Aquarien, Dioramen und Schautafeln, beim Befühlen der „Grabbelkiste" oder im Gespräch mit den engagierten Mitarbeitern die traurige Feststellung machen, daß Ihre Zeit des Aufenthalts viel zu kurz ist. Empfehlung des Verfassers: Planen Sie doch einmal ein Wochenende oder sogar einen mehrtägigen Aufenthalt auf Langeneß mit ein, am besten zur Zeit des Vogelzuges im April oder im September/Oktober. Die „Schutzstation" bietet gerade in diesen Monaten die interessantesten Kurse mit Vorträgen und Exkursionen zu natur- und heimatkundlichen Themen sowie einer guten Portion Halligatmosphäre an. Die Kursteilnehmer werden im Haus untergebracht.

Sollten Sie von hier aus noch weiter nach Osten vordringen, erreichen Sie schließlich den Abzweiger, der zur „Lorenbahn" nach Oland führt − hier wird es langsam feucht −, und das Ende der Welt bei Bandixwarft −, mit schönem Ausblick auf Gröde.

Aber nun zurück in die Gastwirtschaft auf Hilligenley und zum Abschluß einen Pharisäer genießen!

Ziemlich genau um 18 Uhr und 4 Minuten am Tag einer jeden Gemeinde- oder Landtagswahl ist Hallig Gröde in aller Munde: Bürgermeister Mommsen gibt über den Rundfunk das „vorläufige amtliche Endergebnis", den Wahlausgang in Deutschlands kleinster Gemeinde bekannt, als erster natürlich, denn das Auszählen der Stimmen hat gerade drei Minuten gedauert, welch Wunder bei nur 16 Einwohnern abzüglich nicht wahlberechtigter Kinder! Für eine zu verallgemeinernde Trendmeldung allerdings reicht es nicht, bedeutet doch das „Überlaufen" eines Gemeindemitglieds von einer Partei zur anderen ein Auf bzw. Ab von 7 %, so daß es zu bemerkenswerten Fluktuationen im Gemeinderat kommt.

Dabei gibt es durchaus politische Probleme auf diesem Fleckchen Erde von knapp 3 km² Fläche, wo sich die menschlichen Lebensäußerungen bei den durchschnittlichen 50 Landuntern im Jahr auf gerade noch einem halben Hektar bewohnbarer Warft abspielen. So zum Beispiel die bis zum heutigen Tage nicht befriedigend gelöste „Ringelgansfrage". Diese Tiere haben einen außerordentlich geregelten Jahresablauf, der in den milden Überwinterungsgebieten Südenglands und Frankreichs beginnt. Die Zugunruhe treibt sie dann nach Norden, ihrem Ziel, der reichlich über 5 000 km entfernten Insel Nowaja Semlja im sibirischen Eismeer entgegen. Es dauert nur eine Nacht anstrengenden Fluges, dann sind die Wattengebiete der Deutschen Bucht erreicht, bevorzugt jene reichgedeckten Gabentische der Vorländer und Halligen Nordfrieslands, wo das frisch sprießende Andelgras die Energie liefert, die für den Weiterflug benötigt wird. Die bemerkenswert orts- und partnertreuen Tiere können jedes Jahr von neuem an exakt den gleichen Stellen beobachtet werden, zumindest so lange, wie diese die hohen Ansprüche der Gänse an Sicherheit und Nahrungsreichtum erfüllen. In den zurückliegenden 15 Jahren schwanden jedoch zwei der bevorzugtesten Gebiete durch Eindeichungen dahin, nämlich der Rickelsbüller Koog nördlich des Hindenburgdammes und der Beltringharder Koog in der Nordstrander Bucht, ferner erholten sich die Bestände der Ringelgänse aufgrund guter Bruterfolge und strengerer Schutzbestimmungen. In der Folge steuerten sie nun verstärkt die saftigen Salzwiesen der Halligen an. Im Fall von Gröde sind es ca. 10 000 bis 15 000 Tiere, die große Areale des Halligbodens durch Verbiß und das Hinterlassen ihres ätzenden Kots für — beispielsweise — Milchvieh ungenießbar machen, so daß diese Form des Wirtschaftens schon im Jahre 1980 aufgegeben werden mußte. „Erst kommt der Mensch, dann die Gänse" und „De Göös, de schall'n se aal affscheten", sind die Schlachtrufe der einen Seite, der Verweis auf die „eigene Schuld" wird von der anderen ins Feld geführt. Die Ringelgänse kümmert das wenig: Nach erfolgreicher Brut kehren sie im Herbst auf ihre angestammten Plätze zurück – mittlerweile ist auch das schmackhafte Seegras herangewachsen – und verabschieden sich schließlich bis zum kommenden Frühjahr.

Ein weiteres Problem stellt auf Gröde auch der Tagestourismus dar. Anders als auf Hooge ist es wegen des gezeitenabhängigen „Hafens" weniger die Masse der Gäste als der knappe zur Verfügung stehende Raum auf den beiden Warften, der zu Konflikten führt, wenn die Intimsphäre der Einwohner nachhaltig gestört wird. Nach der jeweiligen Abfahrt der meist nur ein Stündchen bleibenden Tagesgäste allerdings „bricht das Paradies aus", als solches kann man Gröde durchaus noch bezeichnen.

Die Hallig ist, genau wie Oland und Nordstrandischmoor, vom Festland aus in einer gut einstündigen Fußwanderung zu erreichen. Wegen der zurückzulegenden Distanz von gut 4 km (+ 1,5 km auf der Hallig) und der gefährlichen Schlicklöcher im Bereich der Lahnungsfelder vor dem Festlandsdeich darf diese Wanderung auf gar keinen Fall von Unkundigen unternommen werden! Vertrauen Sie sich bitte einer der sommertags von der Fremdenverkehrszentrale Dagebüll durchgeführten Wattwanderungen an, zumal Sie auf diese Weise nicht nur Informationen über die Hallig, sondern auch über Küstenschutz und Wattenbiologie erhalten. Interessenten sollten zum Treffpunkt am Deich von Schlüttsiel folgende Utensilien mitbringen, die allesamt in einem kleinen Wanderrucksack zu verstauen sind: belegte Brote, Obst und Getränk, warme Oberbekleidung, alte Turnschuhe, die anschließend ausgewaschen werden, Fernglas, eventuell einen Fotoapparat. Für den Tip mit den Schuhen werden Sie noch dankbar sein, denn an der Abmarschstelle ca. 1 km südlich von Schlüttsiel muß zunächst ein Lahnungsfeld gequert werden. Das ist eine sehr schlüpfrige Angelegenheit, es sei denn, Sie spazieren auf dem Buschwerk entlang, was ohne Schuhe sehr schmerzhaft ist. Nach dem Erreichen des offenen Watts packt man die Schuhe in eine Plastiktüte und verstaut sie im Rucksack.

Das Watt zwischen dem Festland und Gröde ist recht sandig und sehr gut begehbar, nur auf der letzten Strecke ab ca. 1 km vor der Hallig wird es wieder schlickig, außerdem durchqueren wir sogenannte „Totenfelder" von Sandklaffmuscheln – der Wattführer erklärt alles –, an denen man sich leicht Schnittverletzungen zuzieht. Was also macht der Wattenprofi? Richtig, obwohl dies wegen der schlickigen Füße mit der normalen Vorstellung von Sauberkeit unvereinbar scheint, werden die Schuhe wieder angezogen. Beim Erreichen der Hallig lassen wir eine Pricke, das ist eine Orientierungslatte, die einem umgekehrten Besen nicht unähnlich ist, im Lahnungsfeld links liegen und befinden uns nun zunächst auf Appelland, dem östlichen Teil der heutigen Hallig Gröde, der erst um die Jahrhundertwende „angeschlossen" wurde.

Links und rechts des Weges blüht im Juli/August der größte zusammenhängende Bondestave-Bestand des Nationalparks. Diese auch als Halligflieder bezeichnete Pflanze verdankt ihre Existenz der ausgesprochen extensiv betriebenen Beweidung: Zwei Betriebe auf Gröde haben sich noch der Schafzucht verschrieben, so daß im Sommer 1994 noch 30 „Selbstgestrickte" auf Gröde gezählt werden konnten. Bei stärkerer Beweidung würde die gesamte Salzvegetation — neben der Bondestave der duftende Strandwermut, die Keilmelde, die Strandaster, der Dreizack und viele mehr — durch Tritt und Verbiß binnen Jahresfrist verschwinden und durch den vergleichsweise monotonen Andelrasen ersetzt werden, der die Beweidung als einziger übersteht und deshalb in den meisten Vorländern der nordfriesischen Festlandsküste in Reinkultur anzutreffen ist.

Streng genommen gehört das Halligland Grödes zwar nicht zum Nationalpark, trotzdem untersteht der Halligflieder dem Artenschutz, d. h. er darf weder gepflückt noch der Beweidung preisgegeben werden. In einer kleinen Linksbiegung des Landwirtschaftsweges überqueren wir den Appellander Sommerdeich, der Überflutungen des sogenannten „Meedelandes" (Mähland = Heuland) bis zu einer Wasserstandshöhe von 1,20 m über dem mittleren Hochwasser verhindert. Bei Windstärke 7 allerdings wird es kritisch, doch im Sommer ist es nur selten so windig. Bald taucht rechter Hand ein besonders flachgelegenes Gebiet auf. Es gehört zum „Tief", dem ehemaligen Trennungspriel zwischen den beiden Halligen, der heute nur noch bei höheren Wasserständen überflutet wird.

Wir nähern uns von Osten der Warft, deren reetgedeckte Häuser sich hinter einem Ringdeich verstecken. Sowohl drei der vier Häuser als auch der Deich entstanden erst nach der Sturmflut vom 16./17. Februar 1962, als die alten Hallighäuser stark beschädigt worden waren. Das Material für den Deich entnahm man dem Halligboden, womit auch die Entstehung des überfluteten Baggerlochs vor der Warft erklärt ist.

Sollten Sie schon andere Halligen besucht haben, dürfte Ihnen bereits eine

Blick von oben auf
Kirch- und Knudts-
warft der Hallig
Gröde. Im Hinter-
grund ist die Bagger-
kuhle zu erkennen,
der man das Material
für den Ringdeich
entnahm.

Gröder Besonderheit aufgefallen sein: Es gibt hier nur sehr wenige Zäune, die das Halligland unterteilen. Die Ursache dafür liegt in der alten Halligwirtschaft, die heute nur noch auf Gröde angetroffen wird: die Allmende, die eine grundsätzlich gemeinsame Bewirtschaftung des Landes vorsieht. In einem sogenannten „Fennenbuch" (Fenne: Viehweide) wird exakt festgelegt, wieviel Vieh jeder Landbesitzer je nach Größe seines Grundeigentums halten darf. In früheren Zeiten war der große Vorteil dieser Regelung, daß auch die meist ungleich verteilten Uferabbrüche zu Lasten der Allgemeinheit gingen. Da bis heute alle Halligen außer Norderoog fast ringsherum feste Steinkanten erhielten — auch auf Gröde ist nur eine kleine Uferstrecke im Osten noch ohne Schutz —, starb die Allmende als antiquierte Wirtschaftsform allmählich aus; hier aber ist sie noch lebendig. Wenn wir dem Hinweisschild am Warftfluß Glauben schenken können, stehen wir im weiteren vor der Wahl, entweder die Kirche oder den Kiosk zu besuchen.

Laufen wir also um die Knudtswarft links herum. Haben Sie das mit einem Deckel verschlossene Abflußrohr im oberen Teil der Warft gesehen? Es soll bei allerhöchsten Wasserständen, wie etwa bei den Frühjahrssturmfluten im Jahre 1990, das über den Ringdeich schwappende Wasser postwendend wieder dorthin zurückbefördern, wo es herkam. Pech, wenn der Abfluß nicht funktioniert, wie es auf Hooge und Langeneß schon passiert ist!

Das zunächst überaus idyllisch wirkende Bild der Knudtswarft wird bei der Betrachtung von der Westseite ein wenig relativiert, da die Gebäude zu groß geraten sind. Trotzdem: Nach der Notzeit im Anschluß an die 62er Sturmflut war es nur zu verständlich, daß die Konzeption etwas weitläufiger ausfiel, und immerhin: Im Gegensatz zu den neu errichteten Gebäuden auf den anderen Halligen blieb man dem landschaftstypischen Reetdach treu.

Nachdem Sie an „Monikas Kiosk" vorbei sind, wo Sie Bücher, Karten, Süßes, Eis und Schnickschnack kaufen können, erreichen Sie den „Fething", der bis immerhin 1976 seinen Dienst als regenwassergespeiste Viehtränke erfüllte: Erst danach kamen Wasser und Strom vom Festland. Auch der Mensch nutzte das Regenwasser, das allerdings aus dem sogenannten „Sood", einem unterirdisch mit dem Fething verbundenen Reservoir, ins Haus hineingepumpt wurde. Es leuchtet ein, daß mancher Besucher vom Festland, nicht recht immun gegen die Lebewelt des oft abgestandenen Wassers, seine Probleme bekam. Somit wurde die Lösung der

Wasserfrage ein wichtiger Bestandteil des bereits in den fünfziger Jahren initiierten Sanierungsprogramms für die Halligen, ohne das ein Fremdenverkehr im heutigen Sinne gar nicht möglich geworden wäre.

Bevor wir zur Kirche und Schule hinüberschlendern, die sich unter einem Dach befinden, sei noch kurz die Frage beantwortet, wovon die sieben Familien leben: In erster Linie durch die Beschäftigung der Männer beim Amt für Land- und Wasserwirtschaft, daneben durch eine kleine Vermietung, Schafzucht, die Aufnahme von Gastvieh und den Kiosk. Auch die Lehrerin hat mit ihren Schülern genau zwei Hände voll zu tun.

Eine exakte Beschreibung der Halligkirche finden Sie auf einer Tafel an der Westseite und in dem ausliegenden Infopapier.

Fährt man vom Festlandsanleger Schlüttsiel mit der Fähre nach Hallig Hooge oder nach Langeneß, sieht man ca. 4 km südlich des Fahrwassers ein einsames Haus auf einer kleinen Warft mitten im Meer: Dies ist die Norderwarft, die letzte noch existierende Wohnmöglichkeit auf der Hallig Habel. Nach der Sturmflut von 1362, die die ehemals mehr zusammenhängende Landschaft der heutigen nordfriesischen Inselwelt zerteilte, andererseits aber auch neue Schwemmlandinseln schuf, gab es im Raum zwischen der heutigen Westspitze von Langeneß über Gröde und Habel bis zur damals ebenfalls entstandenen, heute innerhalb der Festlandsdeiche gelegenen Hallig Ockholm zahlreiche weitere als Halligen bezeichnete Marschenflecken im Meer. Diese gingen entweder unter, wie die im Raum Gröde-Habel gelegenen Halligen Hingsteneß, Schlütt, Seehundshallig und Habel-Odd, wurden zusammengedeicht oder verschwanden hinter den Festlandsdeichen.

Hallig Habel soll noch um 1362 eine eigene Kirche gehabt haben. Spektakulärer Beweis für diese bisher nur aus Überlieferungen genährte Theorie war das Auftauchen eines alten Friedhofs vor der heutigen Nordwestspitze der Hallig. Auch das umliegende Watt birgt entsprechend zahlreiche Kulturspuren wie alte Siedlungsreste, Spuren ehemaliger Salztorfgewinnung, noch heute erkennbare Entwässerungsgräben und ähnliches.

Anfang des 19. Jahrhunderts hatte Habel immer noch zwei Warften mit insgesamt sieben Häusern auf einer Fläche von fast 50 ha, doch bereits in den Jahren 1876/77 wird die Größe Habels mit nur noch 35 ha angegeben. Der Schwund des Halliglandes setzte sich weiter fort, so daß Habel im Jahre 1905 von seinen letzten Besitzern an den Staat verkauft und im weiteren nur noch als Schafweide und zur Heugewinnung genutzt wurde. Seit 1983 hält sich dort regelmäßig ein Vogelwart auf.

Es gibt keine andere Hallig, die im Laufe der letzten 200 Jahre, also seit es exakte und damit vergleichbare Vermessungen gibt, prozentual zu ihrer ursprünglichen Fläche derart viel Land verloren hat wie Habel. Die Hallig mißt heute gerade noch 3,5 ha und ist damit das kleinste bewohnte Eiland im Wattenmeer. Das Amt für Land- und Wasserwirtschaft (ALW) sorgte jedoch in den siebziger Jahren dafür, daß die immerhin über 1 500 m messende Uferstrecke mit einer Steinkante versehen wurde. Darüber hinaus entstanden elf Buhnen zur Abwehr eventueller Erosionsschäden.

Im Jahre 1983 wurde die zunächst nicht unter Naturschutz stehende Hallig an den „Verein Jordsand" verpachtet, gleichzeitig wurde das bei der Novembersturmflut 1981 stark in Mitleidenschaft gezogene Haus vom ALW repariert und die Warft erhöht. Das Erdreich dafür mußte mit Schuten herangeschifft werden. Der „Verein Jordsand" ist ferner Mieter eines Teils des Hallighauses, das den wechselnden Vogelwarten als Unterkunft dient; der andere Teil gehört dem ALW. Die Vogelwarte sind neben ihrer ornithologischen Tätigkeit auch mit den Arbeiten zum Erhalt der Hallig vollauf beschäftigt.

Seit Inkrafttreten des Nationalparkgesetzes gehört Habel zur Schutzzone I, darf also von niemandem außer dem Vogelwart, Wissenschaftlern mit Genehmigung und den Beschäftigten des ALW betreten werden. Damit ist das ungestörte Brutgeschäft der Küstenseeschwalben- und Lachmöwenkolonie sichergestellt. Ferner bietet die wegen der extensiven Beweidung vornehmlich mit Andelgras bestandene Halligfläche Hunderten von Ringelgänsen im Frühjahr ausreichende Nahrung. Jüngste Sensation war der Verdacht, daß die ausgesprochen seltene Lachseeschwalbe hier eine Brutstätte gefunden habe. Ein frühsommerliches Landunter machte die Hoffnung auf Nachkommen allerdings zunichte.

„Heut bin ich über Rungholt gegangen" – durchs Watt von Nordstrand zur Hallig Südfall

Am Deich bei Fuhlehörn haben sich etwa 40 Personen versammelt. Fußbekleidung: Gummistiefel, alte Turnschuhe oder FKK. Weitere Auffälligkeiten: Ferngläser, Schirmmützen, Fotoapparate. Es soll nach Südfall gehen, auf die drittkleinste, sicher aber am stärksten von Sagen umwobene Hallig im Wattenmeer Nordfrieslands. Der Wattenführer hat es eilig: „Hier ist der Treffpunkt", ruft er vom Deich her, und die Menge gehorcht. Kurze Vorstellung und los geht es im Eiltempo, denn die gut 6 km durch das Watt – so heißt es – müssen bei noch ablaufendem Wasser zurückgelegt sein, um Zeitreserven für den Rückweg nicht zu verlieren.

Wir durchlaufen das „Rungholt-Watt", überwandern die sagenhaften Stätten des reichen Hafenortes, den fast jeder vom Namen kennt, den aber nie ein Mensch gesehen hat. Zumindest kein zeitgenössischer Schreiber, der vor der Katastrophe von 1362 einen Bericht hätte liefern können. So müssen wir uns mit Überlieferungen und Kartenwerken späterer Jahrzehnte und Jahrhunderte begnügen, die aber leider erst entstanden, als es längst die Rungholt-Sage gab. „Heut bin ich über Rungholt gefahren", so schreibt auch Pellworms Landvogt Detlev von Liliencron in seinem berühmten Gedicht „Trutz blanke Hans" und berichtet von Reichtum, Übermut und Gotteslästerung, Untugenden, die nun mit dem Namen Rungholt in jedermanns Gedächtnis untrennbar verknüpft sind und den Ort berühmter machten, als er je hätte werden können, wenn handfeste Informationen vorlägen. Aber, das ist zumindest sicher, es hat etwas existiert unter unseren Füßen, und – so kam erst jüngst durch das Auffinden eines Schriftstücks zutage – Rungholt geheißen hat es wohl auch. Aber . . . der Wattführer treibt erneut zur Eile an; es scheint, als sollten wir nicht spüren, was hier einst existierte. Es gibt jedoch einen Ausweg: Die abenteuerlichen Funde des Nordstranders Andreas Busch, der sein Leben der Rungholtforschung widmete, sind heute im Husumer Nissenhaus zu besichtigen; das beruhigt.

Wir erreichen – weiterhin eilend – die Hallig. Auch die immerhin über 600 Jahre alten Entwässerungsgräben, ca. 1 km vorher deutlich unter den Wattsänden hervortretend, werden nicht registriert. Dabei ist es doch spannend zu erfahren, daß sich die alten Kulturspuren wie Brunnenringe, Deichfundamente, Schleusenreste, großformatige „Klostersteine" und – natürlich – Waffen einst in einer Landschaft befanden, die fast einen ganzen Meter unter dem heutigen Meeresniveau lag, und daß wir es auch dem Anstieg des Meeresspiegels zu verdanken haben, daß diese Dinge erhalten blieben. Die See bedeckte die Vergangenheit mit sanften Sedimenten und gibt sie heute gerade bei Niedrigwasser noch frei.

Es gibt Ermahnungen vor dem Betreten der Hallig, wir sollen nicht hierhin, wir sollen nicht dorthin, wir sollen nur auf die Warft. Die Warft ist die letzte von vieren, die noch um 1800 existierten, und bei der Halligenflut 1825 ertranken hier alle Einwohner. Im Jahre 1910 kaufte Gräfin Diana von Reventlow-Criminil das immer kleiner werdende Eiland (1876: 119 ha, 1990: 54 ha) und bewohnte es bis zu ihrem Tode am 5. August 1953. Ihre Erben verkauften Südfall für 19 400 Mark an das Land Schleswig-Holstein, das dem Nordstrander Landwirt Ernst August Dethleffsen einen 50-Jahre-Pachtvertrag zuschrieb. Somit waren sowohl der Uferschutz (durch das ALW) und die Bewirtschaftung (durch Herrn Dethleffsens Schafe) als auch der Naturschutz (durch einen Vogelwart des „Vereins Jordsand") sichergestellt. Außerdem richtete die „Deutsche Gesellschaft zur Rettung Schiffbrüchiger" im Jahre 1962 eine Funkstation ein.

Heute nimmt uns Robert Brauer, Angestellter des ALW, in Empfang, der aus der Geschichte Südfalls und von den heutigen Verhältnissen erzählt, bis der unruhige Wattenführer ruft, daß wir uns nun aber beeilen müßten. Nach Nordstrand zurückgekehrt und vom Deich bei Fuhlehörn die bei weitem nicht so eilige Flut kommen sehend, steht eines fest: Das nächste Mal geht es per Pferdekutsche nach Südfall!

Man kann sich gut vorstellen, daß Süderoog wegen seiner Lage als am weitesten vorgeschobener Posten im nordfriesischen Halligmeer — aber glücklicherweise im Schutz des über 15 km² großen Süderoogsandes gelegen — eine ebenfalls bewegte Vergangenheit aufzuweisen hat. In der „Landtcarte Vom Sudertheil des Hertzogthumbes Schleswieg, Anno 1650" des Husumer Kartographen Johannes Mejer ist „Suderough" als isoliertes Stück Land an heutiger Stelle zu erkennen. Bereits damals wurde sie auch als „Boy Oksens Halg" bezeichnet, erhielt ein gewisser Boy Ocksen doch aufgrund seiner Verdienste vom Herzog die Hallig als Pächter zugesprochen. Das Ungewöhnliche ist nun, daß Süderoog seit jenem Jahr 1608 über 360 Jahre in den Händen einer Familie blieb, die die Hallig im Jahre 1871 sogar vom Land käuflich erwarb.

Große Bekanntheit, auch weit über die Landesgrenzen hinaus, erlangte Süderoog im Jahre 1927, als Hermann Newton Paulsen — jugendbewegt wie viele seiner Zeitgenossen — neben seiner Tätigkeit als Halligbauer und Strandvogt das „Nordsee-Ferienlager Süderoog" gründete. Nach der Herrichtung des Halliggehöfts und dem Bau des neuen Hauses im Jahre 1930 kamen während der Sommermonate bis zu 250 Knaben gleichzeitig aus Skandinavien, der Schweiz und aus Deutschland nach Süderoog, die sich nunmehr als „Insel der Jungs" einen Namen machte. Rustikale Lebensweise, Kameradschaft und Begegnung wurden großgeschrieben, ganz den Zielen der Jugendbewegung folgend.

Nach dem frühen Tod Paulsens im Jahre 1951 übernahm seine Frau Gunvor die Leitung dieses pädagogischen Hilfswerks, das besonders in der schweren Nachkriegszeit Tausenden von Flüchtlings- und Vertriebenenkindern Tage der Erholung und Freude bescherte.

Gestiegene hygienisch-sanitäre und feuerschutzpolizeiliche Anforderungen und der Mangel an geeigneten Heimleitern veranlaßten Frau Paulsen im Jahre 1966, den mit so viel Idealismus aufgebauten Platz der internationalen Begegnung zu schließen.

Als sie im Jahre 1971 die Hallig endgültig verließ, erwarb das Land Süderoog für 400 000 Mark zurück, worauf die Hallig 1977 unter Naturschutz gestellt und vom „Verein Jordsand" betreut wurde. Seit 1985 zählt Süderoog zur Schutzzone I des Nationalparks, darf also nur unter Führung autorisierter Begleiter betreten werden.

Nachdem der Versuch einer mit Windkraft betriebenen Meerwasserentsalzungsanlage (seit 1980) wegen ständiger, durch Sturmfluteinwirkung entstandener „technischer Probleme" eingestellt wurde, ist die Hallig wieder auf die von Husum kommenden Wasserschuten angewiesen, während der Strom nach wie vor von einem Dieselgenerator erzeugt wird.

Ungelöst blieben die „zwischenmenschlichen Probleme" des letzten Pächter-Ehepaares, so daß im Jahre 1990 die Stelle des beim ALW angestellten Wasserbauwerkers vakant, aber schnell wiederbesetzt wurde. Und wie man aus touristischen Kreisen hört, ist der Kuchen von Frau Matthiesen weit über die Grenzen Süderoogs bekannt.

Nordstrandischmoor, von Eingeweihten liebevoll als „Lüttmoor" bezeichnet, ist – neben Nordstrand und Pellworm – das dritte Überbleibsel der großen Insel Strand nach der Schreckensflut von 1634. Ein Wunder eigentlich, war doch die „Biltringharde" der am härtesten betroffene Teil; nur ein ausgedehntes Hochmoor ließ die Kraft der heranstobenden Wellen regelrecht verpuffen. In seinen Berichten über die „landesverderbliche Sündfluth" gibt der Pfarrer und Chronist Anton Heimreich folgende Zustandsbeschreibung nach der Flut: „Es seyn aber gleichwohl ein Theyl der übergebliebenen Leute annoch in ihren nachstehenden Häusern bewohnen geblieben, und haben dieselben bestermaßen durch Aufführung der Werfte (Warften, Anm. d. Verf.), darauf sie wohnen, vor dem Wasser beschützt. Ein Theyl derselben aber hat sich auf dem hohen Mohr, darauf vormals niemand gewohnt, und welches auch vormals weder Gras noch Korn getragen, niedergelassen und haben sie sich an beiden Örtern von dem herrlichen Fischsegen, welchen der gütige Gott nach ergangener Fluth zum Unterhalt der armen Leute mildiglich bescheret, und den salzen Gräsungen in kümmerlichen Zeiten erhalten, worüber die Einwohner auf dem Mohr ihre Nahrung mit Torfgraben gesuchet, auch ein wenig Land, so viel sie mit den Spaten haben können umwenden, auf der wüsten Heide zu Baufeld zugerichtet."

Das weitere Schicksal dieser vormals gemiedenen Zufluchtsstätte – die ja, streng genommen, wegen ihrer Entstehung als „Insel" bezeichnet werden müßte – gleicht den Geschehnissen auf den anderen Halligen, zumal das Moor in der Folgezeit nicht wieder bedeicht und somit dem Einfluß des Meeres entzogen worden ist. Nach der Flut umfaßte das Moorareal nahezu die dreifache Fläche wie heute, ferner gab es im Westen und Süden der heutigen Hallig noch zahlreiche weitere Warften. Bis zu der vernichtenden Sturmflutkette, die mit der „Weihnachtsflut" im Jahre 1717 ihren Anfang nahm, lebten auf Lüttmoor 142 Menschen in 20 Häusern. Im Jahre 1753, also nur 36 Jahre später, waren noch ganze 60 „Moorleute" in 14 Häusern, die sich obendrein in schlechtestem Zustand befanden, übriggeblieben. Immer kleiner wurde die Halligfläche (1802: 372 ha), gleichzeitig wurde das ehemalige Moor Schicht um Schicht mit Meeressedimenten bedeckt, so daß es schließlich ganz verschwand.

Bei der „Halligenflut" im Jahre 1825, die noch insgesamt 32 Einwohner auf 6 Warften erlebten – und überlebten –, brachen wiederum die Wände aller Häuser zusammen. Es bewährte sich jedoch die Ständerbauweise, so daß „nur" der Totalverlust des Viehs hingenommen werden mußte. Aber auch die Kirche existierte nun nicht mehr, und Überlegungen wurden laut, ob es nicht ratsamer sei, Lüttmoor − und ebenso die anderen Halligen − auf schnellstem Wege zu verlassen. Glücklicherweise folgten in den Jahrzehnten darauf zumindest keine weiteren Extremsturmfluten, aber auch so nahm die Halligfläche bis zum Jahre 1882 auf die Hälfte des vor 80 Jahren gemessenen Wertes ab: 183 ha waren noch übrig, Tendenz weiterhin negativ.

Erst in den Jahren 1926−33 erhielt Nordstrandischmoor ein Uferdeckwerk, das weitere Landabbrüche im Westen und Süden verhindern sollte, gefolgt von dem Bau des immerhin 6,5 km langen „Landgewinnungsdamms" zum Cecilienkoog, der außer mit einer Eisenspundwand und einer Steinschüttung auch mit einem Gleis für den weiteren Herantransport von Uferschutzmaterial ausgestaltet ist und von den Moorleuten als Landanbindung genutzt wird.

Weitere wichtige Punkte in der Halliggeschichte sind die im Jahre 1961 vorgenommenen Warfterhöhungen, die leider nur durch Abriß der alten Hallighäuser zu erreichen waren und glücklicherweise vor der Februarsturmflut des darauffolgenden Jahres stattfanden. Dabei bestückte man die neuen Häuser mit Wasserhähnen und Steckdosen, in der Hoffnung, daß die bereits geplante Wasserversorgungstrasse nach Pellworm das ersehnte Naß und den Strom nun endlich auch nach Lüttmoor bringen würde. Dann aber wurde das Leitungsnetz über die Hamburger Hallig verlegt (1964), worauf die Bewohner Nordstrandischmoors noch elf weitere Jahre auf die „Neuzeit" warten mußten. Am 1. Oktober 1975 wurde das Wasser- und Lichtfest auf der Hallig würdig begangen.

Heute ist Hallig Nordstrandischmoor von allen Seiten des Halligmeeres an seinen charakteristischen 4 Warften (mit insgesamt 5 Häusern) zu erkennen. Es wohnen dort 20 feste Bewohner und 8 „Pendler", meist ehemalige Schüler, die zur Fortbildung zumindest wochentags „auf dem Kontinent" zu finden sind. Die meisten Männer sind beim ALW beschäftigt, der Lehrer Heiner Kober hat zur Zeit (1994) drei Schüler zu betreuen, und 3 Vermieter bieten auf der landnächsten Neuwarft, wo auch die Gastwirtschaft zu finden ist, auf der Warft mit dem schönen Namen „Halberweg" sowie auf Norderwarft nebenbei 2 Zimmer und 2 Ferienwohnungen für gestandene Individualisten an.

„Gut festhalten" heißt
es bei der Abfahrt
der Diesellore zur
Hallig Nordstran-
dischmoor. Nach der
Bedeichung des Bel-
tringharder Kooges
verkürzte sich der
Schienenweg zur
Hallig von bisher
6,5 Kilometer auf die
Hälfte, womit „Lütt-
moor" der Zivilisa-
tion noch etwas
näher rückte.

Hamburger Hallig — wie eine Hallig landfest wurde

Die Hallig wurde nicht etwa von der Hansestadt annektiert, sondern erhielt ihren Namen nach den Hamburger Kaufmannsbrüdern Rudolf und Arnold Amsinck, die ein im Osten der ehemaligen Insel Strand angewachsenes Stück Vorland gerade gepachtet und für viel Geld eingedeicht hatten, als die „große Flut" von 1634 den damaligen Raum der „Biltringharde" sowie der angrenzenden Ländereien fast vollständig zerstörte. Nur das „Hohe Mohr" (die heutige Hallig Nordstrandischmoor) und die „Amsinck-Hallig" blieben nach der Katastrophe in Restbeständen erhalten, aber das Gedenken an die sehr engagierten Hamburger Brüder blieb bis in heutige Zeit.

Obwohl das „Hamburger Haus" der Hallig zwischen 1634 und 1825 noch fünfmal zerstört und stets wiederaufgebaut wurde, gaben die zunächst privaten Besitzer ab 1878 das Land, die Hallig, nicht dem Untergang preis. Umfangreiche Uferschutzarbeiten waren erforderlich. Bereits 1855 wurden erste Pläne laut, die Hallig mittels Lahnungen und weiterer Bedeichungen an das damals noch über 5,5 km entfernte Festland anzuschließen, denn der Sönke-Nissen-Koog wurde erst 1923–25 fertiggestellt. Doch die Naturgewalten — und leere Staatskassen — machten die ehrgeizigen Pläne immer wieder zunichte: Ein Erddamm, in den Jahren 1859/60 mühsam aufgehäuft, fand sein Ende noch im Oktober des gleichen Jahres. Der in den Jahren 1862/63 folgende Bau dreier Erd- und Buschlahnungen, deren mittlere bis zur Hallig hinübergezogen wurde, brachte zwar kurzfristig Anlandungserfolge, die hohen Folgekosten allerdings konnten auf Dauer nicht aufgefangen werden, so daß auch dieses Bauwerk zerfiel. Erst der in den Jahren 1874/75 — nun unter preußischer Obhut — konstruierte Buschdamm mit Erdkern, der zehn Jahre später noch durch eine Steinschüttung stabilisiert wurde, stellte die erste dauerhafte Verbindung her. Daraufhin konnten auch die Landgewinnungsmaßnahmen an den Seiten des Dammes — wie erhofft — durch starke Anschlickung zügig fortgeführt werden. Um die starken Abbrüche an der Westseite der Hallig in den Griff zu bekommen, begann man bereits 1881 mit dem Bau eines Granitdeckwerks, das heute in einer Länge von fast 3 km die seeseitige Umrandung der Hallig bildet. Der sofort einsetzenden Erosion am Fuße des Deckwerks konnte man mit dem Bau von 17 Buhnen Paroli bieten. Bereits im Jahre 1930 wurde die Hamburger Hallig samt den flächengroßen Vorländereien bis zum Außendeich des neugeschaffenen Sönke-Nissen-Kooges nach dem „Preußischen Feld- und Forstpolizeigesetz" unter Naturschutz gestellt, und seitdem wird das Gebiet vom „Deutschen Bund für Vogelschutz" betreut. Berühmt ist das Vorland wegen des dort brütenden Säbelschnäblers und der im Frühjahr durchziehenden Weißwangengänse, die gleich in Trupps von Zehntausenden weite Flächen „besetzt" halten. Aber fragen Sie doch am besten selbst den sommertags anwesenden Vogelwart, den Sie auf halber Strecke zur Hallig links des Weges im ALW-Häuschen finden.

Eine Bitte zum Schluß: Benutzen Sie für die Überfahrt zur Hallig am besten das Fahrrad, besonders zur Brutzeit nämlich ist der Autoverkehr, um den es seit Jahrzehnten Streitereien gibt, ein sehr störendes Element in dieser so herrlich ruhig daliegenden Landschaft. Ein Spaziergang gar wird jedem in schönster Erinnerung bleiben, denn eine Hallig läßt sich nicht per Auto erkunden!

Im Westen der Hamburger Hallig wird intensive Schafweide betrieben. Der größte Teil des mit dem Festland verbundenen Vorlandes dient jedoch den Belangen des Naturschutzes: Hier ist ein beliebter Rast- und Brutplatz zahlreicher Vogelarten.

Die Außensände − nur wüste Flecken im weiten Watt?

Vor den Marscheninseln und Halligen der nordfriesischen Uthlande liegen als westlichste Außenposten die sogenannten Außensände namens Japsand, Norderoogsand und Süderoogsand. Der Leser wird mit Recht fragen, warum diese kahlen Sandflächen in einem Reisebuch behandelt werden, zumal diese Inseln seit Inkrafttreten des Nationalparkgesetzes zur Schutzzone I zählen, also nicht betreten werden dürfen. Eine Ausnahme von dieser Regelung gibt es lediglich für die nördlichste Spitze des Japsandes westlich von Hallig Hooge, die − mit autorisierten Wattführern − von Gruppen angelaufen werden darf.

Nun, abgesehen von der großen Bedeutung als Ruhezone für die durchziehende, rastende und sich mausernde Vogelwelt sowie für die Seehundsbestände des Wattenmeeres ist die küstenmorphologische Bedeutung dieser ausgesprochen dynamischen Gebilde erst durch ausgiebige Untersuchungen der jüngsten Jahre erkannt worden. Leider ist kein Kartenbild in der Lage, die strukturelle Harmonie des westlichen Küstenrandes von Nordfriesland − auch in seiner Fortsetzung nach Süden zu den Sandbänken von Westerhever und St. Peter-Ording sowie nach Norden zum Kniepsand von Amrum, zum Jungnamensand und nach Sylt zu zeigen, da die groben Farbschattierungen von Tiefenlinien die ganz offensichtlich bestehenden Beziehungen nicht verdeutlichen. Erheblich besser erkennt man die girlandenförmig geschwungene Küstenlinie auf den im Handel erhältlichen Satellitenbildern, und sie vermitteln dem Betrachter auch eher die Schönheit dieser „Gleichgewichtslinie", die sich dort draußen, fast unbeobachtet, durch das Zusammenspiel von Wind, Wellen und Strömungen gebildet hat. Auch meint man förmlich zu spüren, wo die Hauptangriffspunkte des Meeres zu suchen sind: Auf dem weit nach Westen vorgeschobenen Küstenstrich von Sylt und an der noch nicht gänzlich ausgereiften Linie der Außensände. Während die Sylter Verhältnisse hinlänglich bekannt sind, erkannte man die Entwicklung der Außensände erst in jüngsten Jahren. Diese bewegen sich mit einer Durchschnittsgeschwindigkeit von bis zu 40 m pro Jahr in Richtung Osten, dabei immer dem durch den weiteren Meeresspiegelanstieg geänderten Gleichgewicht „hinterherwandernd". Mit anderen Worten: Das nordfriesische Wattenmeer wird zumindest in seinem empfindlicheren südlichen Teil immer kleiner, erhöht sich aber gleichzeitig, ebenfalls dem steigenden Meeresspiegel folgend, durch die vornehmlich nach Osten gerichtete Sedimentfracht.

Daneben spielt sich noch ein anderer Prozeß ab, der die künftige Entwicklung des Wattenmeeres markiert: Die tiefen Seegatts — von Nord nach Süd: Lister Tief, Hörnumer Tief, Norderaue, Süderaue, Rummelloch und Norderhever — werden, bei gleichzeitiger Verbreiterung, immer tiefer und „fressen" sich darüber hinaus auch immer tiefer in die Insel- und Halligwelt hinein. Besonders die Insel Pellworm ist aufgrund der sich rapide vertiefenden Norderhever* und einer sich ausbildenden „Ringströmung" um die Insel herum in Gefahr, der erodierenden Kraft der Wassermassen zum Opfer zu fallen.

Resümierend sei gesagt, daß die weitere Entwicklung der Außensände und Wattströmungen für die zukünftige Entwicklung des Wattenmeeres und damit auch für die Insel- und Halligwelt von großer Bedeutung ist. Es ist ganz einfach von existentieller Wichtigkeit, die sich hier ankündigenden „Vorhaben" der Natur rechtzeitig zu erkennen und — soweit überhaupt möglich — über geeignete Küstenschutzmaßnahmen nachzudenken.

Die Jugendtrachten-gruppe der „Söl'ring Foriining" in letzten Vorbereitungen vor einem Auftritt. Mit Engagement und Sorgfalt pflegen Heimatvereine im gesamten Kreisgebiet die Überbleibsel alter Traditionen.

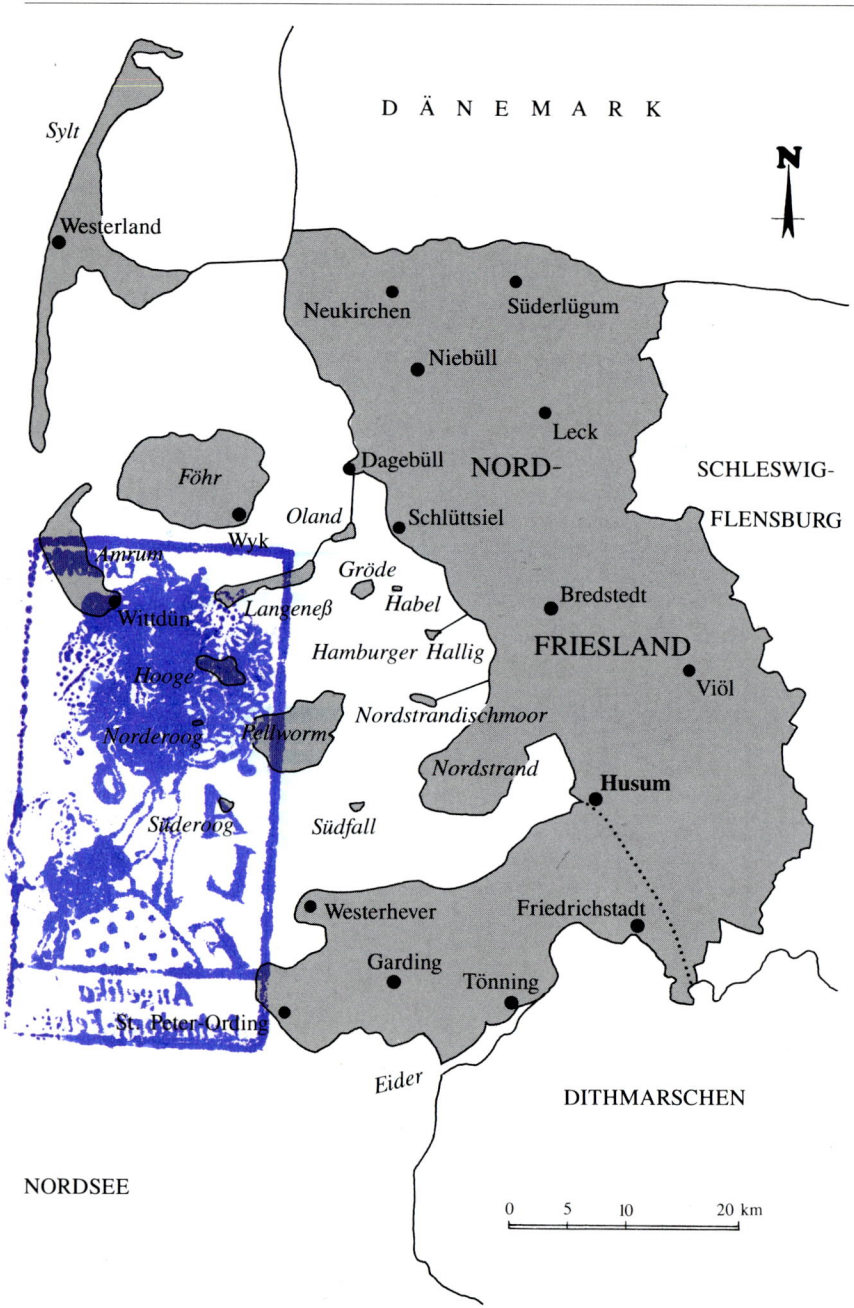

N

Sylt

Westerland

DÄNEMARK

Neukirchen

Süderlügum

Niebüll

Leck

Föhr

Dagebüll

NORD-

SCHLESWIG-

Oland

Schlüttsiel

FLENSBURG

Wyk

Amrum

Gröde

Habel

Bredstedt

Wittdün

Langeneß

Hamburger Hallig

FRIESLAND

Hooge

Viöl

Norderoog

Pellworm

Nordstrandischmoor

Süderoog

Südfall

Nordstrand

Husum

Westerhever

Friedrichstadt

Garding

Tönning

St. Peter-Ording

Eider

DITHMARSCHEN

NORDSEE

0   5   10   20 km

Reisende werden so schnell kein anderes Urlaubsziel finden, das ein derart breitgefächertes Angebot an Unterkunftsmöglichkeiten zu bieten hat. Angefangen beim Campingurlaub oder dem gerade bei Familien beliebten „Urlaub auf dem Bauernhof" über Privatquartiere, Pensionen, Gasthäuser, Hotels bis zu Ferienwohnungen und -häusern wird jeder Anspruch erfüllt, und man mag selbst entscheiden, ob die Nachtruhe DM 5,– oder DM 500,– kosten darf.

Auch die Möglichkeiten der Urlaubsgestaltung sind mannigfach, so daß Freunde des ausschweifenden Nachtlebens ebenso auf ihre Kosten kommen dürften wie diejenigen Zeitgenossen, die die „schönsten Tage des Jahres" zur Besinnung auf sich selbst verwenden möchten. In den Kapiteln dieses Reisebuchs wird versucht, neben konkreten Informationen auch Stimmungsbilder zu zeichnen, die bei der Wahl des Ferienzieles behilflich sein sollen. Auf jeden Fall sei eine ausreichende Vorabinformation angeraten: Adressen *aller* Fremdenverkehrsvereine und Kurverwaltungen finden sich im folgenden Kapitel „Adressen und Urlaubstips".

Liegt das Reiseziel fest, kommt der Wahl der Reiseutensilien, insbesondere der richtigen Kleidung, eine große Bedeutung zu: Naturlauber werden längst wissen, daß der berühmte Friesennerz – beileibe nicht aus Gründen der Mode – längst out ist, betonen doch Bioklimatologen immer von neuem, daß *winddurchlässige* Kleidung angeraten sei. Am besten eignen sich Wollpullover unterschiedlicher Dicke, die je nach Bedarf kombiniert werden können. Und dem zweifellos irgendwann einmal fallenden Regen begegnet man dadurch, daß man sich eines jener ultraleichten Regencapes überstreift, die

zudem noch atmungsaktiv und somit jedem Ölzeug vorzuziehen sind. Bitte beachten Sie in diesem Zusammenhang besonders das Kapitel über das Nordseeklima.

Ob für die geplante Teilnahme an einer Wattführung unbedingt Gummistiefel vonnöten sind, ist zumindest im Sommer fraglich. Als weitaus bequemer hat es sich erwiesen, zur Abmarschstelle mit alten Turnschuhen anzutreten und – nach Absprache mit dem Wattenführer – entweder barfuß zu laufen oder aber, wenn scharfkantige Muscheln drohen, die Turnschuhe (samt Strümpfen, sonst sind sie im ersten Schlickloch verschwunden) einfach anzubehalten. Die Schuhe lassen sich anschließend leicht auswaschen.

Schließlich sei noch sehr die Mitnahme eines Fernglases angeraten, das in der Landschaft des weiten Horizonts und der klaren Sicht zu mancherlei Durchblick verhilft. Freunden der Fotografie und des Urlaubsfilmes kann nur empfohlen werden, ausreichend Filmmaterial gleich von zu Hause mitzubringen, liegen die Preise in den Ferienorten doch deutlich höher als im Hinterland.

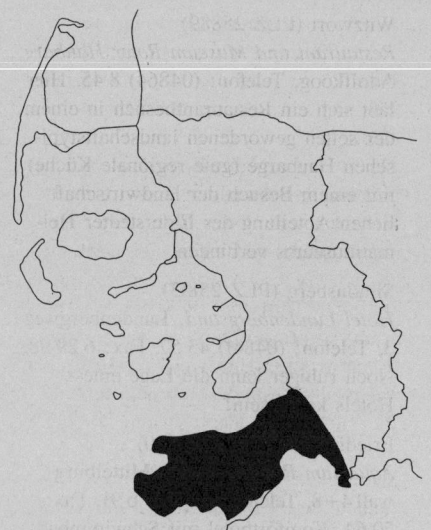

**Halbinsel Eiderstedt
(mit Friedrichstadt)**
*Informationen und Zimmernachweise
(von West nach Ost):*
Zentrale der Fremdenverkehrsgemein-
schaft (Fvg) Eiderstedt ist Garding,
Am Markt 26, 25836 Garding,
Telefon: (04862) 4 69, Fax: 12 25

Fvg Eiderstedt, Kurverwaltung,
Maleensknoll, 25826 St. Peter-Ording,
Telefon: (04863) 99 90, Fax: 99 91 80

Kurverwaltung Tönning, Am Markt,
25832 Tönning, Telefon: (04861) 2 64,
Fax: 6 14 40

Tourist-Information Friedrichstadt,
Am Markt 9, 25840 Friedrichstadt,
Telefon: (04881) 72 40 und 16 12,
Fax: 70 93

An- und Abreise/Mobilität:
Bahnfahrer werden — von Hamburg
kommend — bis zur Intercity-Station
Husum fahren, von wo aus mit etwa
stündlicher Nahverkehrs- und Eilzugver-
bindung über Tönning, Garding, Tating
und St. Peter-Süd nach St. Peter-Ording
zu rechnen ist.

Autofahrer mit Ziel Friedrichstadt sollten die A 7-Abfahrt Rendsburger Kreuz
wählen und über die B 202 direkt nach
Friedrichstadt fahren. Für alle Ziele
westlich Tönnings sei die Westküsten-
autobahn A 27 ab Autobahndreieck
Hamburg-Nordwest bis nach Heide
angeraten. Weiterfahrt über die B 5 bis
Tönning, dann auf der B 202 Richtung
St. Peter.
Das Bussystem innerhalb Eiderstedts ist
Anfang der 90er Jahre im Rahmen des
Projekts „Nordfriesland Regional" erheblich verbessert worden. Informationen und Fahrpläne bei den Fremdenver-
kehrsämtern und Kurverwaltungen.

*Sehenswürdigkeiten (jeweils von West
nach Ost):*
Natur:
Sandbänke vor St. Peter-Ording, Deich-
vorland mit Salzwiesenlehrpfad bei
Westerhever, Katinger Watt, NSG
Westerspätinge, Porrendeich bei Uelves-
büll, Treeneschleife bei Schwabstedt.
Sonstiges:
Leuchtturm Westerheversand, Haubarge
in den Gemeindegebieten Westerhever
und Tating, Eidersperrwerk, Tönninger
Hafen, Stadtbild Friedrichstadt.

Museen:
St. Peter-Dorf: Eiderstedter Heimatmu-
seum, geöffnet April—September
Di.—Sa. 10.00—12.00 und 15.00—17.00
Uhr, So. 10.00—12.00 Uhr,
Oktober—März Di.—Sa. 15.00—17.00
Uhr, So. 10.00—12.00 Uhr, im Winter
Anfrage ratsam; Telefon: (04863) 12 26

Garding: Theodor-Mommsen-
Gedächtnisstätte

Oldenswort: Heimatgeschichtliche
Sammlung der Gemeinde Oldenswort

Eine Auswahl empfehlenswerter Hotels und Restaurants (von West nach Ost):

St. Peter-Ording (PLZ 25826)
Hotel Ambassador, Im Bad 26, Telefon: (04863) 70 90, Fax: 26 66. Komforthotel, direkt am Strandübergang, Meerblick aus fast allen Zimmern.
Doris Strandcafé, Badestrand Ording, Telefon: (04863) 26 98. Pfahlbau direkt am Wasser, geöffnet zwischen Ostern und Oktober.
Dünenhotel Eulenhof, Im Bad 93, Telefon: (04863) 10 92. Idyllische Lage in den Dünen, hauseigene Strandkörbe für Ausspanner.
Hotel Ordinger Hof, Am Deich 31, Telefon: (04863) 9 08–0, Fax: 9 08 49. Schöne Lage, beliebtes Restaurant, nette Einrichtung.
Hotel Vier Jahreszeiten, Friedrich-Hebbelstr. 2, Telefon: (04863) 70 10, Fax: 26 89. Komforthotel in ruhiger Parkanlage, sehr gutes Restaurant.

Tating (PLZ 25881)
Landhaus Philipphof, Tating-Ehstensiel, Telefon: (04862) 3 16 u. 3 83. Südlich von Tating in Deichnähe, komfortables Reetdachhaus.

Garding (PLZ 25836)
Restaurant Kupferpfanne, Fischerstr. 1, Telefon: (04862) 2 56. Hausmannskost „für den guten Hunger".

Tönning (PLZ 25832)
Hotel Godewind, Am Hafen 23, Telefon: (04861) 66 00. Einige wenige Zimmer in denkmalgeschütztem Haus direkt am Hafen. Gutes Frühstück.
Strandhotel Fernsicht, Auf dem Badestrand, Telefon: (04861) 4 75. In Eidernähe, Angebote zur Saison: Eiderstedter Büfett, großes Fischbüfett.

Witzwort (PLZ 25889)
Restaurant und Museum Roter Haubarg, Adolfkoog, Telefon: (04864) 8 45. Hier läßt sich ein Restaurantbesuch in einem der selten gewordenen landschaftstypischen Haubarge (gute regionale Küche) mit einem Besuch der landwirtschaftlichen Abteilung des Eiderstedter Heimatmuseums verbinden.

Simonsberg (PLZ 25813)
Hotel Lundenbergsand, Lundenbergweg 3, Telefon: (04841) 43 57, Fax: 6 29 98. Noch ruhiger kann die Lage eines Hotels kaum sein!

Friedrichstadt (PLZ 25840)
Aquarium Ringhotel, Am Mittelburgwall 4–8, Telefon: (04881) 6 91, Fax: 70 64. Komforthotel mit Schwimmbad und Grachtenterrasse.
Restaurant Holländische Stube, Am Mittelburgwall 22–26, Telefon: (04881) 72 45. Historisches Restaurant in altholländischem Bürgerhaus aus dem 17. Jh. Sehr gute regionale Küche.
Hotel Stadt Hamburg, Markt 7, Telefon: (04881) 3 98. Traditionshotel mit typischer Atmosphäre.

Husum (Kreishauptstadt, gut 20 000 Einwohner)
Informationen und Zimmernachweise:
Tourist-Information der Stadt Husum,
Rathaus, Großstraße 27, 25813 Husum,
Telefon: (04841) 8 98 70, Fax: 47 28

An- und Abreise/Mobilität:
Für Bahnreisende: Husum ist Intercity-
Station der Bahnlinie Hamburg—
Westerland, ferner Endstation der Bahn-
linien von Kiel (Landeshauptstadt) und
St. Peter-Ording.
Autofahrer erreichen Husum — von der
A 7 über die Abfahrt Rendsburger Kreuz
(mit Weiterfahrt über die B 202 bis
Friedrichstadt, dann B 5), schneller geht
es ab Abfahrt Schleswig-Schuby über
die B 201. Eine weitere Möglichkeit bietet die A 27 bis Heide (ab Autobahndreieck Hamburg-Nordwest), mit Weiterfahrt über die B 5 bis Husum.
Husum besitzt ein gut ausgebautes Stadt-
und Nahverkehrsbusnetz. Ausgangspunkt
aller Linien ist der ZOB, ca. 200 m vom
Bahnhof entfernt.

Sehenswürdigkeiten:
Schloßpark (besonders zur Krokusblüte
Ende März/Anfang April), Hafengebiet,
Marktplatz, Schloßgang, Theodor-Storm-
Gedenkstätten.

Museen:
Nissenhaus, geöffnet April—Oktober
täglich 10.00—17.00 Uhr,
November—März Mo.—Fr. 10.00—12.00
und 14.00—16.00 Uhr, So. und feiertags
10.00—16.00 Uhr; Telefon: (04841) 25 45

Ostenfelder Bauernhaus, geöffnet
März—Oktober Di.—So. 10.00—12.00
und 14.00—17.00 Uhr, im Winter Grup-
penführung nur nach Voranmeldung;
Telefon: (04841) 6 75 88

Theodor-Storm-Haus, geöffnet
April—Oktober Sa.—Mo. 14.00—17.00
Uhr, Di.—Fr. 10.00—12.00 und
14.00—17.00 Uhr, November—März Di.,
Do. und Sa. 15.00—17.00 Uhr; Telefon:
(04841) 66 62 70

Schloß vor Husum, geöffnet
März—Oktober Di.—So 10.00—12.00 und
14.00—17.00 Uhr, in den Wintermonaten
für Gruppen nach Voranmeldung; Telefon: (04841) 6 75 88

*Eine Auswahl empfehlenswerter Hotels
und Restaurants:*
Husum (PLZ 25813)
Hotel am Schloßpark, Hinter der Neustadt
76—86, Telefon: (04841) 6 20 62. Ein Spaziergang durch Husums größte Grünan-
lage führt direkt ins Stadtzentrum.
Nordseehotel, Dockkoog 26, Telefon:
(04841) 50 21, Fax: 6 32 37. Am Außendeich vor der „grauen Stadt", ruhig,
Zimmer mit Meerblick.
Café Schwermer, Schiffbrücke 4, Telefon: (04841) 28 30. Traditionscafé an
reizvoller Stelle in typischem Ambiente,
auch kleine Gerichte.

Dragseth's Gasthof, Zingel 11, Telefon:
(04841) 6 39 00. Gemütliche Gastwirtschaft, norddeutsche Küche.
Krug zur Schleuse, Zingel 21, Telefon:
(04841) 23 93. „In"-Kneipe Husums.
Ratskeller, Großstr. 27, Telefon: (04841)
50 71. Nasse Fische, trockene Weine!
Tip: Fürs Krabben- oder Aalbrötchen
zwischendurch seien die Imbißbuden am
Hafen empfohlen.

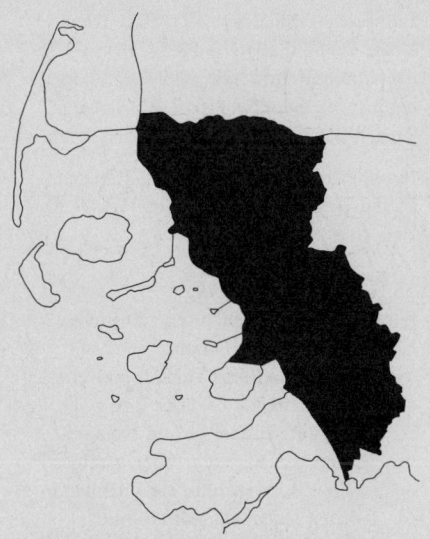

Nördliches Nordfriesland (Festland)
Informationen und Zimmernachweis
(von Nord nach Süd geordnet):

Fremdenverkehrsverein Amt Süderlügum, 25923 Süderlügum, Telefon:
(04663) 75 55

Fremdenverkehrsverein Wiedingharde
e. V., 25924 Emmelsbüll-Horsbüll,
Telefon: (04665) 7 76, Fax: 7 76

Fremdenverkehrsverein Niebüll e. V. –
Tourist-Information, Postfach 1205,
25892 Niebüll, Telefon: (04661) 6 01 90,
Fax: 85 95

Fremdenverkehrsverein Leck und Umge-
bung e. V. (Karrharde), Marktstr. 7–9,
Postfach 1148 (PLZ 25911), 25917 Leck,
Telefon: (04662) 81 70, Fax: 81 50

Fremdenverkehrszentrale Dage-
büll/Bökingharde, Am Badedeich 1,
25899 Dagebüll, Telefon: (04667) 3 53,
Fax: 4 55

Fremdenverkehrsverein Bredstedt und
Umgebung e. V. (Nordergoesharde),

213

Bürgerhaus, Süderstr. 36, 25821 Bredstedt, Telefon: (04671) 58 57, Fax: 69 75
Fremdenverkehrsverein Viöl und Umgebung e. V., Süderweg 6, 25813 Schwesing, Telefon: (04841) 7 11 26

Fremdenverkehrszentrale Amt Hattstedt, 25856 Hattstedt, Telefon: (04841) 49 20, Fax: 8 15 23

An- und Abreise/Mobilität:
Bahnreisende erreichen das nördliche Nordfriesland von Hamburg aus über die Intercity-Stationen Husum und Niebüll, Eilzüge halten darüber hinaus in Friedrichstadt, Bredstedt und Klanxbüll, von wo aus jeweils mehr oder weniger regelmäßige Busanschlüsse ins Umland zu erwarten sind. Autofahrer sollten — über die A 7 Richtung Flensburg fahrend — die Abfahrten Rendsburger Kreuz (mit Weiterfahrt über die B 202 Richtung Friedrichstadt), Schleswig-Schuby (Weiterfahrt über die B 201 Richtung Husum/Bredstedt) oder Flensburg-Harrislee (Weiterfahrt über die B 199 Richtung Leck/Niebüll) benutzen.
Eine andere Möglichkeit besteht darin, am Autobahndreieck Hamburg-Nordwest zur A 27 zu wechseln, ab Heide geht es dann auf der B 5 über Tönning nach Husum.
Die Verkehrsdichte für Busse ist besonders im westlichen Marschengebiet nicht groß. Die Reservierung eines Fahrrads kann nur angeraten werden.

Sehenswürdigkeiten:
Naturschutzgebiete (NSG) und sehenswerte Landstriche:
NSG Süderlügumer Binnendünen, Gotteskoog-Gebiet, Bottschlotter See, Hauke-Haien-Koog, NSG Bordelumer Heide, NSG Hamburger Hallig, NSG

Löwenstedter Sandberge, NSG Beltringharder Koog.

Sonstiges:
Infohaus der Husumer Schiffswerft zum „Nordfriesland-Windpark" im Friedrich-Wilhelm-Lübke-Koog.

Museen:
Bohmstedt: Heimatgeschichtliche Sammlung der Gemeinde Bohmstedt

Bredstedt: Naturzentrum, Bahnhofstr. 23, geöffnet Mai—September täglich 14.00—18.00 Uhr, bei Veranstaltungen auch 19.00—22.00 Uhr; Telefon: (04671) 45 55

Niebüll: Richard-Haizmann-Museum, Rathausplatz, geöffnet April—Oktober und Mitte Dezember—Mitte Januar Mo.—Fr. 10.00—12.00 Uhr u. 13.00—16.00 Uhr, auch Weihnachten, Oster- und Pfingstmontag; Telefon: (04661) 6 01 75 u. 6 01 77

Niebüll: Friesisches Heimatmuseum, Osterweg 76, geöffnet Juni—September täglich 14.00—18.00 Uhr oder nach Vereinbarung; Telefon: (04661) 36 56

Niebüll: Naturkundemuseum, Hauptstraße 108, geöffnet ab April—Oktober täglich außer Mo. 14.00—17.30 Uhr; Telefon: (04661) 56 91

Schwabstedt: Heimatgeschichtliche Sammlung des Kirchspiels Schwabstedt

Seebüll: Nolde-Museum, Post Neukirchen/Niebüll, geöffnet 1. März—31. Oktober täglich 10.00—18.00 Uhr, Nov. 10.00—17.00 Uhr; Telefon: (04664) 3 64

Eine Auswahl empfehlenswerter Hotels
und Restaurants (von Nord nach Süd):
Niebüll (PLZ 25892)
Hotel Bossen, Hauptstr. 15—17, Telefon:
(04661) 60 80 01. Einfach, aber konkur-
renzlos.
Rathauscafé, Rathausplatz, Telefon:
(04661) 84 68. Auf der Suche nach Niebülls Charme . . .

Bargum (PLZ 25842)
Andresens Gasthof, Dorfstr. 63, Telefon:
(04672) 10 98, Fax: 10 99. Die Fein-
schmeckeradresse auf dem Nordfriesischen „Kontinent"! Einige einfache, ru-
hige Zimmer.

Bredstedt (PLZ 25817)
Hotel Restaurant Ulmenhof, Tondernsche
Str. 4, Telefon: (04671) 33 55. Hier
nächtigt der Autor. Reichhaltiges Frühstück ohne Portionspäckchen.
Restaurant zum Wasserturm, Lorn-
senstr. 3, Telefon: (04671) 21 11. Gewaltige Portionen, nette Atmosphäre (besonders im 1. Stock), es wird nicht nur
Wasser ausgeschenkt!

Ockholm (PLZ 25842)
Fährhaus Schlüttsiel, Hotel, Café,
Restaurant, Telefon: (04674) 2 55, Fax:
15 42. Herrliche Aussicht über Watt und
Halligwelt, starker Kaffee.

Hattstedtermarsch (PLZ 25856)
Hotel Restaurant Arlau Schleuse, Telefon: (04846) 10 93. Ein Platz jenseits
dieser Welt, direkt hinter dem alten
Außendeich (heute Binnendeich des Beltringharder Kooges).
Schimmelreiterkrug, Sterdebüll, Telefon:
(04846) 8 21. Außerordentlich zünftige
Kneipe, in der man sich ausschließlich
flüssig ernährt mit Pharisäer, Teepunsch
und/oder Toter Tante . . .

Insel Sylt (knapp 100 km²,
ca. 22 000 Einwohner)
Informationen:
(Voraussichtlich gilt ab 1995 für ganz
Sylt die einheitliche Vorwahl 04651.)
Bädergemeinschaft Sylt, 25980 Westerland, Postfach 1150, Stephanstr. 6, Telefon: (04651) 2 24 50, Fax: 2 10 84, oder
bei den Kurverwaltungen der Inselgemeinden:
25980 Westerland, Postfach 16 20,
Telefon: (04651) 8 10, Fax: 2 12 34

25996 Wenningstedt-Braderup,
Strandstr. 25, Telefon: (04651) 44 70

25980 Sylt-Ost-Archsum, Telefon:
(04651) 3 37 44

25980 Sylt-Ost-Keitum, Am Tipkenhoog 5, Telefon: (04651) 3 37 33

25980 Sylt-Ost-Morsum, Telefon:
(04651) 3 37 55

25980 Sylt-Ost-Tinnum, Telefon:
(04651) 3 37 11

25999 Kampen, Telefon: (04651)
46 98 33, Fax: 46 98 40

25980 Rantum, Strandstr. 7, Telefon:
(04651) 80 70, Fax: 8 07 66

25992 List, Listlandstr., Telefon:
(04652) 10 14, Fax: 13 98

25997 Hörnum, Strandweg 2, Telefon:
(04653) 10 65, Fax: 17 69

An- und Abreise/Mobilität auf der Insel:
Gängigste Verkehrsverbindung zwischen
dem Festland und Sylt ist die Bahn:
täglich viele Personenzugverbindungen.
Autozüge zwischen Niebüll und Westerland. Infos: Fahrpläne der Bundesbahn.
Die Rømø-Sylt-Linie bietet täglich 5–8
Verbindungen zwischen der dänischen
Insel Röm und List/Sylt (mit Autotrans-
port). Betriebspause zwischen Mitte
Januar und Mitte Februar. Infos: In Reisebüros oder unter Telefon (04652) 4 75.
Ferner wird der Flughafen in Westerland
während der Sommermonate von Frank-
furt/Main, Düsseldorf, Berlin, Bremen
und Hamburg aus im Linienverkehr
angeflogen. Infos: in Reisebüros.
Die Sylter Verkehrsgesellschaft bietet
halb- bis stündliche Busverbindungen ab
Westerland nach List, Hörnum und Keitum an. Infos: Telefon (04651) 70 27.
Wegen der sommerlichen Verkehrsbelastung kann die Mitnahme eines Fahrrads
nur empfohlen werden!

Sehenswürdigkeiten:
Neben den Naturschönheiten wie Lister
Dünenlandschaft, Rotes Kliff, Braderuper Heide, Morsum Kliff, Rantum-
Becken und Hörnum Odde seien folgende Ziele genannt: Kampener Vogelkoje, Denghoog in Wenningstedt (stein-
zeitliche Grabstätte), Altfriesisches Haus
und Heimatmuseum in Keitum. Da die

Öffnungszeiten variieren, bitte anrufen
unter Telefon (04651) 3 28 05.
Über die Natur und ihre Schutzbedürf-
tigkeit informieren ferner:
„Biologische Station List", Telefon:
(04652) 13 85

„Naturzentrum Braderup", Telefon:
(04651) 4 44 21

„Verein Jordsand", Eidum Vogelkoje,
Telefon: (04651) 58 12

„Schutzstation Wattenmeer", Hörnum,
Telefon: (04653) 10 93

Sehenswert sind ferner die zahlreichen
Galerien mit Arbeiten ansässiger und
auswärtiger Künstler.

*Eine Auswahl empfehlenswerter Hotels
und Restaurants:*
Westerland (PLZ 25980)
Restaurant Alte Friesenstube, Gaadt 4,
Telefon: (04651) 12 28. Sehr gute regio-
nale Küche in einem der ältesten Häuser
der Insel.
Dorint Hotel Sylt, Schützenstr. 22–26,
Telefon: (04651) 85 00, Fax: 85 01 50.
Moderne Komfortanlage, direkt hinter
den Dünen gelegen.
Hotel Miramar, Friedrichstr. 43, Telefon:
(04651) 85 50, Fax: 85 52 22. Seit 1903
eine Top-Adresse auf Sylt. Nach Reno-
vierung noch komfortabler. Herrlicher
Meerblick aus den westlichen Zimmern.
Restaurant Jörg Müller, Süderstr. 8,
Telefon: (04651) 2 77 88. Eines der
besten Restaurants Deutschlands, sehr
rechtzeitige Anmeldung unumgänglich.
Im angeschlossenen Pesel geht's „rusti-
kaler" zu bei moderateren Preisen . . .
Restaurant Schneckenhaus, Norderstr. 6,
Telefon: (04651) 2 32 75. Uriges Holz-
haus mit Schneckencharme. Spezialität:
Steaks.

Sylt−Ost (PLZ 25980)
Hotel garni Benen-Diken-Hof, Süderstraße, Keitum, Telefon: (04651) 3 10 35, Fax: 3 58 35. Vielfach ausgezeichnetes Top-Hotel, „Insel auf der Insel".
Restaurant Fisch-Fiete, Weidemannweg 3, Keitum, Telefon: (04651) 3 21 50. Hier trifft „man" sich zur Scholle, Tip: Mittagessen im Garten!
Hotel und Restaurant Landhaus Nösse, Morsum, Telefon: (04654) 15 55, Fax: 16 58. Komforthotel mit guter Küche, in freier Landschaft am Naturschutzgebiet Morsum-Kliff gelegen.
Restaurant Landhaus Stricker, Boy-Nielsen-Str. 10, Tinnum, Telefon: (04651) 3 16 72. Gemütliches Top-Restaurant „unter Reet", sehr gute Weinkarte.

Kampen (PLZ 25999)
Dorfkrug, Braderuper Weg 3, Telefon: (04651) 4 35 00. Gute Hausmannskost in der netten Atmosphäre eines alten Friesenhauses.
Café Kupferkanne, Telefon: (04651) 4 10 10. An schönen Sommernachmittagen ist der Cafégarten wegen der hervorragenden Kuchen und des herrlichen Ausblicks fast ein Muß.
Manne Pahl, Hauptstraße, Telefon: (04651) 4 25 10. In-Treff bereits zum (späten) Frühstück, mittags gutbürgerlich, nachmittags (Sahne-)Torten, abends Spezialitäten.
Restaurant Vogelkoje, Telefon: (04652) 10 35. Reizvolle Lage mitten im baumbestandenen Naturschutzgebiet, nachmittags großes Kaffee-Sortiment, abends gehobene Küche.

List (PLZ 25992)
Restaurant Lister Fischhaus, Hafenstr. 16, Telefon: (04652) 10 70 u. 74 78. Fisch-Bistro von „Jönne" Gosch, nicht so „zugig" wie an der Bude am Hafen . . .

Rantum (PLZ 25980)
Restaurant Sansibar, Telefon: (04653) 4 17. Holzbau in den Dünen zwischen Rantum und Hörnum, hervorragendes Fisch-Fondue, die Getränkekarte birgt auch nach dem hundertsten Besuch noch Überraschungen.
Hotel Rantumer Hof, Hörnumer Str. 22, Telefon: (04651) 2 32 42, Fax: 2 92 17. Neuerbautes Luxushotel „unter Reet" mit Blick aufs Watt.

Insel Föhr (83 km², 8 200 Einwohner)
Informationen und Zimmernachweis:
Bei den Kurverwaltungen der Gemeinden:
25938 Wyk, Hafenstr. 23, Telefon:
(04681) 30 53

25938 Nieblum, Poststr. 2, Telefon:
(04681) 25 59

25938 Utersum, Klaf 1, Telefon:
(04683) 3 46

oder der Fremdenverkehrsgemeinschaft
Föhr e. V., Haus Nr. 15, 25938 Süderende, Telefon: (04683) 4 44.

An- und Abreise/Mobilität auf der Insel:
Die Hauptverkehrsanbindung besorgt die
„Wyker Dampfschiffsreederei" (WDR)
ab Dagebüll mit täglich zahlreichen
Verbindungen ihrer Autofähren. Infos
und Autoanmeldung unter Telefon:
(04681) 80 40.
Föhr wird ferner im Liniendienst von
Hamburg aus angeflogen. Infos in Reisebüros.

Föhr besitzt ein gut funktionierendes
Busnetz (mit Fahrradanhängern!) zwischen dem Wyker Hafen und allen
Inselgemeinden. Fahrpläne bei der Kurverwaltung kostenlos.

Sehenswürdigkeiten:
Umweltzentrum, Infozentren der
„Schutzstation Wattenmeer" und des
Nationalparkamtes in Wyk, Vogelkoje in
Boldixum, Mühle in Wrixum, Kirchen
St. Johannis in Nieblum, St. Laurentii in
Süderende und St. Nicolai in Boldixum
mit Grabsteinen aus der Walfängerzeit,
Stelly's Hüs in Oldsum. Darüber hinaus
sollte man den historischen Ortskern
von Nieblum und den Infowagen der
„Schutzstation Wattenmeer" im nördlichen Vorland besuchen.

Museen:
Wyk: Dr.-Carl-Haeberlin-
Friesenmuseum, geöffnet März—Oktober
Di.—So. 10.00—17.00 Uhr,
November—Februar Di.—So.
14.00—17.00 Uhr, Telefon: (04681) 25 71

*Eine Auswahl empfehlenswerter Hotels
und Restaurants:*
Wyk (PLZ 25938)
Restaurant Alt-Wyk, Große Str. 4, Telefon: (04681) 32 12, Fax: 24 71. Kenner
schwärmen, hier gäbe es die besten
Muschelgerichte der Insel.
Duus Hotel, Hafenstr. 40, Telefon:
(04681) 7 08. In günstiger Lage direkt
am Hafen, gutes Restaurant.
Restaurant Friesenstube, Süderstr. 8,
Telefon: (04681) 24 04. Sehr guter Fisch
in typisch Föhrer Atmosphäre.
Tante Hertha alias „Glaube-Liebe-Hoffnung", Hafenstr. 28, Telefon: (04681)
22 72. Die Kneipe Föhrs, Achtung: Hier
wird noch in aller Öffentlichkeit Seemannsgarn gesponnen!

Süderende (PLZ 25938)
Hotel Altes Pastorat, Telefon: (04683)
2 26. Komforthotel im Landhausstil,
gute Küche.

Dunsum (PLZ 25938)
Dänische Teestube, Klein-Dunsum, Telefon: (04683) 10 22. Wer mit dem Fahrrad im Westen Föhrs unterwegs ist,
sollte sich hier die verlorengegangenen
Kalorien zurückholen!

**Insel Amrum (20,4 km²,
2 100 Einwohner)**
Informationen und Zimmernachweis:
Bei den Kurverwaltungen der Gemeinden:
25946 Wittdün, Telefon: (04682) 8 61,
Fax: 8 71

25946 Nebel, Telefon: (04682) 8 81,
Fax: 29 99

25946 Norddorf, Telefon: (04682) 8 11,
Fax: 17 95

oder bei der Bädergemeinschaft Amrum,
Telefon: (04682) 8 91, Fax: 29 76

An- und Abreise/Mobilität auf der Insel:
Die „Wyker Dampfschiffsreederei"
(WDR) sorgt für mehrere Verbindungen
täglich, entweder direkt oder mit Zwischenstopp auf Föhr, jeweils ab Dagebüll. Infos und Autoanmeldung unter
Telefon: (04681) 80 40.
Darüber hinaus besteht die Möglichkeit,
vom Hallighafen Schlüttsiel aus (mit kurzen Stopps auf Hooge und Langeneß)

219

nach Amrum zu gelangen. Aktuelle Fahrpläne in Reisebüros. Gute Busanschlüsse
vom Anleger Wittdün bis Norddorf.
Sehenswürdigkeiten:
Neben dem Kniepsand und der Dünenlandschaft sollte man die Amrum Odde
kennen, den Leuchtturm bestiegen und
die Seefahrer-Grabsteine auf dem Nebeler Friedhof gesehen haben.

Museen:
Nebel: Heimatmuseum, geöffnet
Mai—Oktober Mo.—Mi. 10.00—12.00
Uhr, Do.—So. 15.00—18.00 Uhr; Telefon:
(04682) 22 89

*Eine Auswahl empfehlenswerter Hotels
und Restaurants:*
Wittdün (PLZ 25942)
Strandhotel Vierjahreszeiten, Obere
Wandelbahn 16, Telefon: (04682) 35—0.
Im Wittdüner Baustil, Zimmer mit schö-
nem Blick übers Meer.
Hotel und Restaurant Weiße Düne, Ach-
tern Strand 6, Telefon: (04682) 8 55,
Fax: 20 39. Direkt hinter den Dünen
etwas außerhalb von Wittdün.

Nebel (PLZ 25946)
Bahnhofs-Hotel (mit Appartmenthaus
Albatros), Strunwai 3, Telefon: (04682)
23 38. Traditionsbewußtes, gemütlich
eingerichtetes Familienhotel.
Restaurant Ekke Nekkepen, Waasterstigh
19, Telefon: (04682) 22 45. Amrums
Adresse für gute Fischgerichte.

Norddorf (PLZ 25946)
Hotel Hüttmann, Ual Saarepswai 2—6,
Telefon: (04682) 92 20, Fax: 92 21 13.
Komforthotel, erst jüngst renoviert.

**Insel Nordstrand (50,1 km^2,
2 400 Einwohner)**
Informationen und Zimmernachweis:
Kurverwaltung Nordstrand, Schulweg 4,
25845 Nordstrand, Telefon: (04842)
82 32, Fax: 81 02

An- und Abreise:
Die „Insel" Nordstrand ist bequem über
einen Autodamm mit dem Wagen zu
erreichen, ferner existiert eine regelmäßige Busverbindung nach Husum (Bahn-
station). Infos in den Fahrplänen der
Bundesbahn.

Sehenswürdigkeiten:
Wanderung nach Südfall, Kulturspuren
im Watt, Infozentrum der „Schutzstation", Beltringharder Koog.

*Eine Auswahl empfehlenswerter Hotels
und Restaurants:*
Nordstrand (PLZ 25845)
Landgasthof Kelting, Herrendeich 6—10,
Telefon: (04842) 3 35, Fax: 83 55. Auf-
grund der zentralen Lage guter

Ausgangspunkt für Inselerkundungen.
Mühlen-Café Glück zu, Süderhafen 15,
Telefon: (04842) 2 14. Behagliches
Restaurant und Café in schöner Lage.

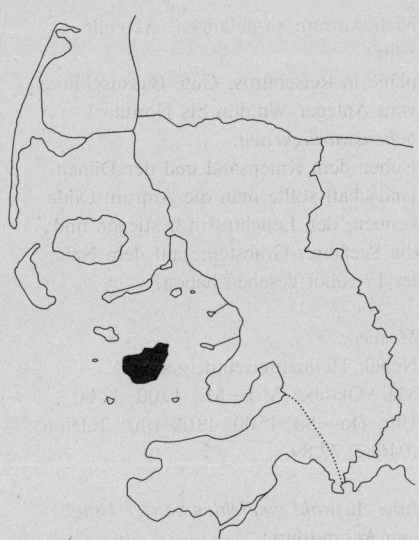

**Insel Pellworm (37,4 km²,
1 450 Einwohner)**
Informationen und Zimmernachweis:
Kurverwaltung Pellworm, Uthlandestr. 2, 25849 Pellworm, Telefon:
(04844) 1 89 43, Fax: 1 89 44
oder: Zentrale Zimmervermittlung,
Telefon: (04844) 1 89 40.

An- und Abreise:
Mit dem Auto oder Bus bis zum Hafen
Strucklahnungshörn auf Nordstrand, von
dort mit der Fähre mehrmals täglich nach
Tammensiel/Pellworm. Infos in Reisebü-
ros sowie im Regionalfahrplan der DB.

Sehenswürdigkeiten:
Alte Kirche, Waldhusenhof, Vogelkoje,
Nordermühle, Wattweg nach Süderoog.

*Eine Auswahl empfehlenswerter Hotels
und Restaurants:*
Hotel Friesenhaus, Kaydeich, Telefon:
(04844) 7 74. Komforthotel in schöner
Lage.
Gasthof Hooger Fähre, Telefon: (04844)
2 73. Liegt bei Deichwanderungen förmlich „im Weg".

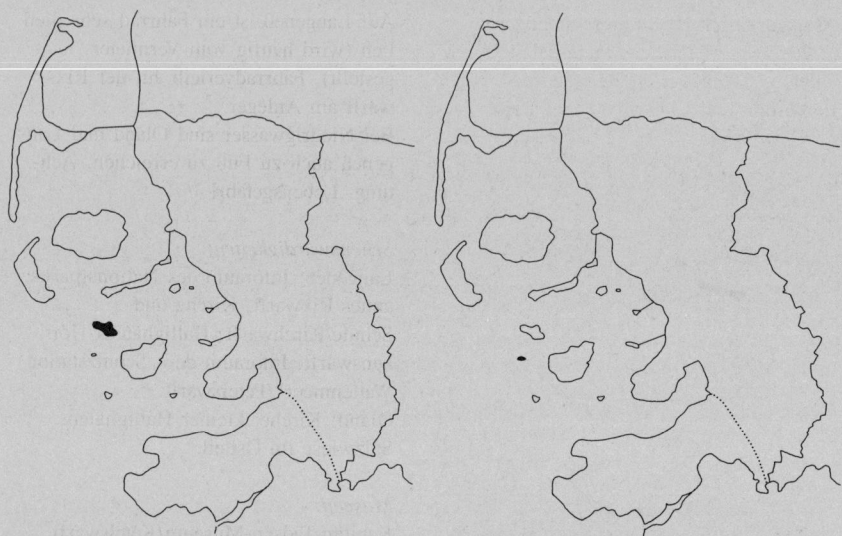

Hallig Hooge (591 ha, ca. 140 Einwohner)

Informationen und Zimmernachweis:
Fremdenverkehrsbüro der Gemeinde Hooge, Hanswarft, 25859 Hallig Hooge, Telefon: (04849) 2 55

An- und Abreise:
Regelmäßige Fährverbindung mit dem Festlandshafen Schlüttsiel, zwischen Mai und Oktober zweimal täglich, in der übrigen Jahreszeit einmal täglich. Zwischen November und Februar montags und mittwochs keine Verbindung. Aktuelle Infos: WDR, Telefon: (04681) 80 40. Des weiteren wird Hooge im Rahmen der zwischen April und Oktober verkehrenden Ausflugsfahrten angesteuert, und zwar von Husum, Nordstrand, Pellworm, Schlüttsiel, Föhr, Amrum und Sylt aus.

Sehenswürdigkeiten und Museen:
Warfterhöhung Backenswarft, Kirchwarft; Heimatmuseum, Infozentrum der „Schutzstation Wattenmeer" und Königspesel auf Hanswarft; Westerwarft.

Hallig Norderoog (ca. 7,5 ha, bewohnt von einem Vogelwart zwischen April und Oktober)

Informationen:
Fremdenverkehrsbüro der Gemeinde Hooge, Telefon: (04849) 2 55
Kurverwaltung Pellworm, Telefon: (04844) 1 89 43, Fax: 1 89 44

Da der Schutzzone I des Nationalparks zugehörig, darf die Hallig nur zwischen 1. Juli und 31. Oktober unter Führung betreten werden. Wattführungen von Hooge aus werden von der „Schutzstation Wattenmeer" sowie der Gemeinde Hooge nur für Dauergäste durchgeführt. Begrenzte Teilnehmerzahl! Des weiteren wird die Hallig von Pellworm aus per Schiff angefahren.

Halligen Langeneß und Oland (1 120 ha, davon Langeneß 985; 150 Einwohner, davon Langeneß 120)

Informationen und Zimmernachweis:
Fremdenverkehrsverein Hilligenley,
25863 Hallig Langeneß über Husum,
Telefon: (04684) 2 17, Fax: 2 89

An- und Abfahrt:
Bahnreisende fahren nach Bredstedt und von dort mit dem Postbus nach Schlüttsiel. Autofahrer finden in Schlüttsiel bewachte und unbewachte Parkplätze vor. Nach Langeneß besteht eine regelmäßige Fährverbindung, zwischen Mai und Oktober zweimal täglich, in der übrigen Jahreszeit einmal täglich. Zwischen November und Februar montags und mittwochs keine Verbindung.
Aktuelle Infos, auch zur Fahrzeugmitnahme: „Wyker Dampfschiffsreederei",
Telefon: (04681) 80 40.
Reisende nach Oland sprechen sich bitte mit dem Vermieter ab. Entweder Sie fahren mit Postschiffer Fiete Nissen oder mit der Lore ab Dagebüll Deich.

Auf Langeneß ist ein Fahrrad sehr dienlich (wird häufig vom Vermieter gestellt), Fahrradverleih auf der Rixwarft am Anleger.
Bei Niedrigwasser sind Oland und Langeneß auch zu Fuß zu erreichen. Achtung, Lebensgefahr!

Sehenswürdigkeiten:
Langeneß: Inforaum des Nationalparkamtes/Rixwarft, Kirche und Schule/Kirchwarft, Hallighäuser/Honkenswarft, Inforaum der „Schutzstation Wattenmeer"/Peterswarft.
Oland: Kirche, kleiner Hallighafen, Salzwiese im Ostteil.

Museen:
Kapitän-Tadsen-Museum/Ketelswarft, geöffnet Ostern—31. Oktober Mo.—Sa. 10.30, 13.30 und 15.30 Uhr, So. n. V., Telefon: (04684) 2 17

223

Hallig Gröde (270 ha, 16 Einwohner)
Informationen und Unterkünfte:
Claudia Mommsen, Knudtswarft, 25869
Hallig Gröde, Telefon: (04674) 3 02.
Unterbringung nur zwischen April und
Oktober.

An- und Abreise:
Reisende, die mehrere Tage auf Gröde
bleiben möchten, erfahren von Frau
Mommsen die Abfahrtzeiten der unre-
gelmäßig verkehrenden Boote ab
Schlüttsiel.
Tagesgäste können die Hallig sommertags von Nordstrand, Schlüttsiel, Hooge,
seltener auch von Amrum, Föhr und
Sylt aus besuchen. Aufenthalt 1—2 Stunden. Ferner veranstaltet die Fremdenverkehrszentrale Dagebüll Wattführungen
zur Hallig. Infos und Termine unter
Telefon (04667) 3 53, Fax: 4 55.

Sehenswürdigkeiten:
Bondestaveblüte (Juli/August), Halligkirche.

**Hallig Habel (3,5 ha,
mindestens 1 Bewohner)**
Informationen:
Nur für Interessenten an Vogelwärtertä-
tigkeit (mit ausreichenden Kenntnissen
im Seevogelschutz):
„Verein Jordsand zum Schutze der Seevögel", Haus der Natur, 22926 Ahrens-
burg, Telefon: (04102) 3 26 56 und
5 80 60.

Hallig Habel gehört zur Schutzzone I
des Nationalparks. Es herrscht ganzjährig ein absolutes Betretungsverbot.

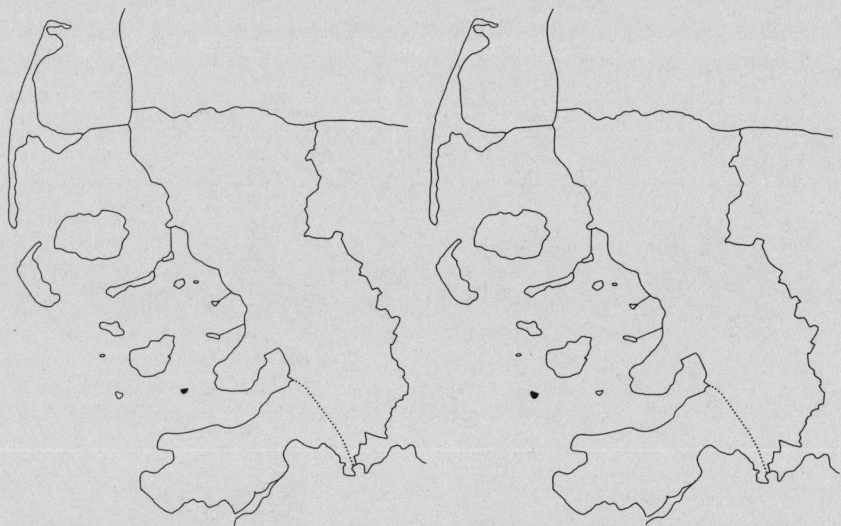

Hallig Südfall (54 ha, 2 Einwohner)
Informationen:
Kurverwaltung Nordstrand, Schulweg 4,
25845 Nordstrand, Telefon: (04842)
82 32, Fax: 81 02.

An- und Abreise:
Erreichbar ist die Hallig nur zu Fuß ab
Nordstrand oder mit Ausflugsschiffen ab
Husum, Strucklahnungshörn/Nordstrand,
seltener von den anderen Inseln.

Sehenswürdigkeiten:
Kulturspuren aus der Zeit vor 1362 (auf
dem Weg zur Hallig), „Halligstim-
mung".

Hallig Süderoog (63 ha, 2 Bewohner)
Informationen:
Kurverwaltung Pellworm,
Uthlandestr. 2, 25849 Pellworm,
Telefon: (04844) 1 89 43, Fax: 1 89 44.

An- und Abreise:
Die Hallig ist entweder zu Fuß ab Pellworm (7 km) oder mit Ausflugsschiffen
ab Husum, Strucklahnungshörn/Nord-
strand, Tammensiel/Pellworm, seltener
von anderen Inseln aus zu erreichen.

Sehenswürdigkeiten:
Hallighaus, Hermann-Newton-Paulsen-
Gedächtnisstätte.

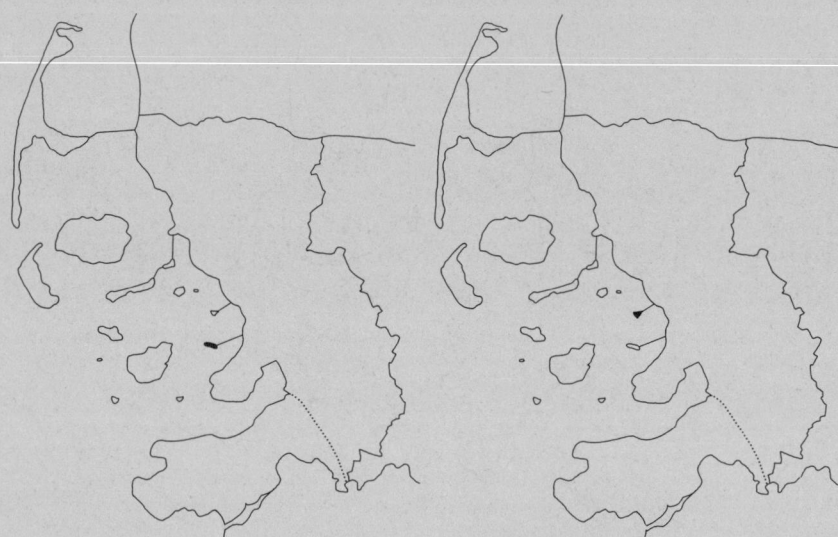

Hallig Nordstrandischmoor (175 ha, 28 Einwohner)

Informationen und Zimmernachweis:
Kurverwaltung Nordstrand, Schulweg 4, 25845 Nordstrand, Telefon: (04842) 82 32, Fax: 81 02.

An- und Abreise:
Tagesgäste können „Lüttmoor" vom Beltringharder Koog aus (auf Führungen) zu Fuß erreichen. Ausflugsfahrten finden am regelmäßigsten (während der Sommermonate) von Strucklahnungshörn/Nordstrand aus statt, ferner von Tammensiel/Pellworm und von Amrum. Dauergäste werden, wenn alles klappt, per Lore vom Außendeich des Beltringharder Kooges geholt.

Sehenswürdigkeiten:
Salzwiesen, Friedhof.

Hamburger Hallig (86 ha, 2 Einwohner)

Die Hamburger Hallig samt umfangreicher Vorländereien wurde im Jahre 1930 Naturschutzgebiet und gehört seit 1985 zum „Nationalpark Schleswig-Holsteinisches Wattenmeer". Informationen über die Hallig sind beim Vogelwart zu bekommen, der im ALW-Häuschen (auf halber Strecke links des Weges) zu finden ist.

An- und Abreise:
Mit dem Auto Anreisenden sei dringend empfohlen, dieses auf dem Parkplatz hinter dem Deich im Sönke-Nissen-Koog abzustellen und die Hallig zu Fuß zu entdecken. Beste Möglichkeit der Verbindung stellt das Fahrrad dar. Die Diskussion um die Auto-Totalsperrung dauert noch an.

Sehenswürdigkeiten:
Vogelwelt, Vorland, Badestelle.

Bantelmann, A. (1967): Die Landschaftsentwicklung an der schleswig-holsteinischen Westküste. — Neumünster.

Brandt, O. (1981): Geschichte Schleswig-Holsteins. — Kiel.

Degn, C. und U. Muuß (1965): Luftbildatlas Schleswig-Holstein. Teil I. — Neumünster.

Degn, C. und U. Muuß (1968): Luftbildatlas Schleswig-Holstein. Teil II. — Neumünster.

Eiderstedter Heimatbund (Hrsg.; 1965): Blick über Eiderstedt. Beiträge zur Geschichte, Kultur und Natur einer Landschaft. — Heide.

Eiderstedter Heimatbund (Hrsg.; 1969): Blick über Eiderstedt. Bd. II. — Heide.

Fischer, L. (1984): Haubarge — Eine Bauernhausform hat abgewirtschaftet? — Bredstedt.

Fischer, O. und F. Müller (1936—58): Das Wasserwesen an der schleswig-holsteinischen Westküste. 16 Bände. — Berlin.

Fleeth, C. (1990): Hallig Gröde. Information. — Gröde.

Friesenrat (Hrsg.; 1982): Kleine Geschichte Nordfrieslands und der Friesen. — Bredstedt.

Geerkens, A. W. (1960): Graf Desmercieres. — Flensburg.

Gemeinden Koldenbüttel, Südermarsch, Witzwort (Hrsg.; 1989): 500 Jahre Dammkoog 1489—1989. — Husum.

Haffner, A. und M. Müller-Wille (Hrsg.; 1988): Studien zur Küstenarchäologie Schleswig-Holsteins. Serie C, Bd. I: Norderhever Projekt. — Neumünster.

Hagemeister, J. (1983): Rungholt. Sage und Wirklichkeit. — St. Peter-Ording.

Hansen, M. und N. Hansen (Hrsg.; 1971): Föhr — Geschichte und Gestalt einer Insel. — Münsterdorf.

Harth, U. (1990): Untergang der Halligen. — Rendsburg.

Holdt, H. von (1990): Auf den Spuren des alten Hooge. — Breklum.

Jessel, H. (1989): Sylt — Ein Reisebuch. — Hamburg.

Jessel, H. (1990): Friesenhaustüren. — Hamburg.

Jessel, H. (1990): Das Radwanderbuch Sylt. — Hamburg.

Johannsen, C. I. (1984): Nordfriesland — die reichste Hauslandschaft in Schleswig-Holstein. — Sonderheft „Der Maueranker". — Bredstedt.

Kambeck, W. (1973): Die Husumer Südermarsch. — Bredstedt.

Karff, F. (1960): Aus der Chronik der Hallig Nordstrandischmoor. — Rendsburg.

Koehn, H. (1961): Die Nordfriesischen Inseln. — Hamburg.

Kühn, H. J. und A. Panten (1989): Der frühe Deichbau in Nordfriesland. — Bredstedt.

Kuschert, R. (1990): Der Rote Haubarg. Baudenkmal und Museum in Witzwort in der Landschaft Eiderstedt. — Husum.

Landelijke Verenigung tot Behoud van de Waddenzee (Hrsg.; 1977): Wattenmeer. — Neumünster.

Ligges, W. (1985): Inseln und Halligen Nordfrieslands. — Köln.

Lorenzen, J. (1989): Die Hallig Nordmarsch-Langeneß in alten Bildern. — Hamburg.

Michelsen, A. L. J. (1828): Nordfriesland im Mittelalter. Eine historische Skizze — Wiesbaden.

Nationalparkamt (1985—90): Diverse Broschüren. — Tönning.

Petersen, M. (1981): Die Halligen. Küstenschutz — Sanierung — Naturschutz. — Neumünster.

Phillip, H. und A. Kamphausen (1958): Nordfriesland. Landschaften und Bauten

227

von der Eider bis zur Wiedau. –
Heide.

Quedens, G. (1982): Insel im Wattenmeer. Pellworm. – Breklum.

Quedens, G. (1988): Die Halligen. –
Breklum.

Riecken, G. (1985): Die Halligen im
Wandel. – Husum.

Saggau, W. und R. Stadelmann (1988):
Ein Deich wird gebaut. – Husum.

Schirrmacher, G. (1990): Hallig Hooge.
– Breklum.

Sielverband Cecilienkoog (Hrsg.; 1980):
Der Cecilienkoog. – Bredstedt.

Stadelmann, R. (1981): Meer – Deiche
– Land. Küstenschutz und Landgewin-
nung an der deutschen Nordseeküste. –
Neumünster.

Stiftung Nordfriesland (Hrsg.; 1985):
Nordfriesland. Portrait einer Landschaft.
– Husum.

Taubert, A. (1982): Wohin wandern die
Außensände? – „Nordfriesland" 16. –
Bredstedt.

Verein für Ortspflege und Dorfentwick-
lung Westerhever e. V. (1990): Historische Rad- und Wanderwege in Westerhever. – Westerhever.

Wohlenberg, E. (1989): Die Lundenberg
Harde. – „Die Küste" 48. – Heide.

Zölitz, R. (1989): Landschaftsgeschichtli-
che Exkursionsziele in Schleswig-
Holstein. – Neumünster.

Kompaß-Wanderkarte „Husum –
St. Peter-Ording" 1 : 50 000.

Landesvermessungsamt Kiel: „Wandern
und Erholen im Kreis Nordfriesland"
1 : 50 000, Blatt Nord und Blatt Süd.
Diverse Statistiken des Statistischen
Landesamtes Kiel sowie des Kreises
Nordfriesland.

Auf Noldes Spuren. Fotografiert von
Heinz Teufel. Mit einem Vorwort von
Günter Kunert. 1983.

Dithmarschen. Fotografiert von Walter
Mayr. Mit einem Text von Helga Wingert. 1990.

Das Friesenhaus. Text und Fotos von
Georg Quedens. 1988.

Friesenhaustüren. Text und Fotos von
Hans Jessel. 1990.

Friesland. Mit einem Text von Erdmann
und Helga Wingert. 1987.

Inseln und Meer. Eine Bildreise. Text
und Fotografie Georg Quedens. 1990.

Die Halligen – Inseln unter Wind und
Wolken. Text und Fotos von Georg Quedens. 1988.

Leuchttürme. Fotografiert von Heinz-
Olaf Müller. Mit einem Text von Wolf-
gang Dittmar. 1986.

Noldes Landschaft. Eine Bildreise. Mit
einem Text von Renate Damsch-
Wiehager. Fotografiert von Heinz Teufel. 1989.

Ostfriesland. Fotografiert von Fritz
Dressler. Mit einem Text von Emanuel
Eckardt. 1987.

Storms Friesland. Herausgegeben von
Armin Kerker. 1984.

Sylt. Fotografiert von Heinz Teufel. Mit
einem Text von Alexander Rost. 1987.

Sylt – Das Radwanderbuch. Text und
Fotos von Hans Jessel. 1990.

Hans Jessel: Sylt – Ein Reisebuch.
1989.

Vögel über Watt und Meer. Text und
Fotos von Georg Quedens. 1990.

Wattenmeer – Landschaft im Licht. Text
und Fotos von Georg Quedens. 1986.

Windjammer. Fotografiert von Gert Wag-
ner. Mit einem Text von Rolf Böke-
meier. 1987.

Register

230

Schleswig-Holstein:

96 S., 38 Farb-, 10 S/W-Abb.,
eine Karte, DM 19,80

96 S., 52 Farb-, 1 S/W-Abb.,
eine Karte, DM 19,80

96 S., 39 Farb-, 10 S/W-Abb.,
eine Karte, DM 19,80

96 S., 33 Farb-, 17 S/W-Abb.,
eine Karte, DM 19,80

56 S., 24 Farbabb.,
DM 24,80

96 S., 35 Farb-, 13 S/W-Abb.,
DM 19,80

96 S., 36 Farb-, 9 S/W-Abb.,
eine Karte, DM 19,80

56 S., 34 Farbabb.,
DM 24,80

56 S., 29 Farbabb.,
DM 24,80

mehr als Meer

408 S., 110 Farb-, 24 S/W-
Abb., 12 Karten, DM 29,80

128 S., 76 Farbabb.,
DM 39,80

216 S., 27 Farb-, 15 S/W-
Abb., 15 Karten, DM 29,80

176 S., 25 Farbabb.,
12 Karten, DM 16,80

56 S., 36 Farbabb.,
DM 24,80

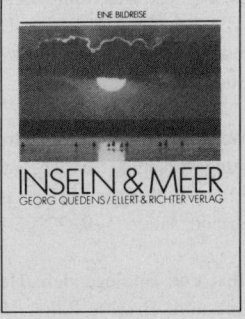

96 S., 34 Farb-, 17 S/W-Abb.,
DM 19,80

208 S., 46 Farb-, 1 S/W-Abb.,
12 Karten, DM 19,80

200 S., 33 Farbabb., 1 S/W-
Abb., 12 Karten, DM 19,80

288 S., 47 Farb-, 6 S/W-Abb.,
DM 29,80

Impressum / Bildnachweis

Die Deutsche Bibliothek — CIP-Einheitsaufnahme

Jessel, Hans:
Nordfriesland / Hans Jessel. — 2., überarb. Aufl. — Hamburg:
Ellert und Richter, 1994
  (Ein Reiseführer)
  ISBN 3-89234-229-6

© Ellert & Richter Verlag, Hamburg 1991
1994 2. überarb. Auflage

Liebe Leserinnen und Leser:
Alle Angaben in diesem Reiseführer sind mit Sorgfalt zusammengestellt worden,
jedoch ohne jegliche Gewähr. Redaktionelle Angaben:
Stand Februar 1994

Wenn Sie uns Ihren Eindruck mitteilen wollen oder Ergänzungs- und Berichti-
gungsvorschläge haben, schreiben Sie bitte an:
Ellert & Richter Verlag GmbH
Friedensallee 7—9, 22765 Hamburg

Text und Bildlegenden: Hans Jessel, Keitum
Lektorat: Brigitte Beier, Hamburg
Gestaltung: Hartmut Brückner, Bremen
Karten im Anhang: Lutz Orlowski, Kiel
Satz: KCS GmbH, Buchholz/Hamburg
Lithographie: Rüdiger & Doepner, Bremen
Druck: C. H. Wäser, Bad Segeberg
Bindearbeiten: S. R. Büge, Celle

Bildnachweis:
Sämtliche Farbabbildungen: Hans Jessel, Keitum
Alle Aufnahmen mit LEICA Kameras und Objektiven
S/W-Fotos:
Archiv Hans von Holdt, Hooge: S. 32
Günter Knechties, Husum: S. 22, 23, 28, 29
Nordfriisk Instituut, Bredstedt: S. 20, 21, 30, 31
Sylter Archiv, Westerland: S. 24, 25, 26, 27
Quellen der Kartenabbildungen:
S. 9, 83: siehe Bildlegenden
S. 37: Nationalparkamt, Tönning